Mná Dána

do mo chara
Fidelma Ní Ghallchobhair

Celia de Fréine

Mná Dána

Dornán Drámaí

Mná Dána

Foilsithe in 2019 ag
ARLEN HOUSE LTD
42 Grange Abbey Road
Baldoyle
Dublin 13
Ireland
Fón/Facs: 00 353 86 8360236
Ríomhphost: arlenhouse@gmail.com

Dáileoirí i Meiriceá Thuaidh
SYRACUSE UNIVERSITY PRESS
621 Skytop Road, Suite 110
Syracuse, NY 13244–5290
USA
Fón: 315–443–5534/Facs: 315–443–5545
Ríomhphost: supress@syr.edu

ISBN 978–1–85132–204–6, bog

Cearta léirithe/tuilleadh eolais:
www.celiadefreine.com

Clóchur ¦ Arlen House

Saothar ealaíne an chlúdaigh ¦ Egon Schiele

Tá Arlen House buíoch de
Chlár na Leabhar Gaeilge
agus d'Fhoras na Gaeilge

Clár

Réamhrá

Ba mhinic dom smaoineamh céard a tharlódh dá mba mhná iad Vladimir agus Estragon, príomhcharachtair *En Attendant Godot* le Samuel Beckett, dráma, dar le Vivian Mercier, ina dtarlaíonn neamhní, faoi dhó. An bhféadfadh beirt bhan fanacht socair, neamhní idir lámha acu, faoi dhó? Bhraith mé nach bhféadfadh: nuair a deir carachtair Beckett 'imímis' níl aon rud á mbacadh; dá mba mhná iad, bheadh go leor constaicí, go háirithe iad siúd a bhaineann le cúraimí leanaí, sa bhealach orthu. Leis an scéal seo a fhorbairt agus a phlé scríobh mé an dráma *Anraith Neantóige*.

Mar is amhlaidh do Vladimir agus Estragon, malairt a chéile is ea iad Vera agus Aimée: bean uirbeach í Aimée; rugadh agus tógadh Vera faoin tuath. Múinteoir ab ea í Aimée; ar éigean atá Vera in ann a hainm a scríobh. Malairt a chéile freisin is ea Max agus Guy, an bheirt fhear a thugann cuairt orthu. Cara le hAimée é Guy, buachaill cíosa a dteastaíonn uaidh a bheith ina dhraíodóir; saighdiúir é Max a mbeireann na mná air. Tar éis tamaill faigheann Aimée agus Guy amach gur seirseanach é, rud a chuireann samhnas orthu agus ar Vera. Ach nach bhfuil an rud ceannann céanna ar siúl ag Guy? Nach bhfuil an bheirt acu ag díol a gcorp le maireachtáil?

Agus mé ag scríobh an dráma, bhí eachtraí beirte eile ag casadh im chloigeann: an bhean mhic is a máthair chéile sa scannán *Onibaba*, bunaithe ar pharabal Búdaíoch, scríofa agus stiúrtha ag Kaneto Shindo. Beirt atá sách cosúil leis an máthair is a hiníon sa dráma *Le Malentendu* le Albert Camus atá suite i gcathair bheag i bPoblacht na Seice. Mná iad na beirteanna seo a chaithfidh na fir a chasann orthu a mharú le go bhféadfaidh siad fanacht ar an bhfód in am an ghátair is an ghanntanais.

I ndráma Camus maraíonn an mháthair an cuairteoir is deireanaí a thagann chuig a teach lóistín, cé gurb é a mac féin é. Céard a tharlódh munar cuid den díospóireacht eiseach é deireadh an dráma seo? Dá n-éireodh leis an gcuairteoir éalú? Dá n-éireodh le duine de na príosúnaigh in *Onibaba* greadadh leis? Tugaim deis do Max a shrianta a chur de ach faighim amach gurb é an rud céanna atá i ndán dó.

Roinnt blianta ó shin, agus mé thiar i gConamara, bheartaigh mé dráma a scríobh a mbeadh cuid mhaith de lonnaithe ar an trá, áit a mbíonn go leor rudaí ag titim amach is go leor strainséirí ag cur aithne ar a chéile. *Cóirín na dTonn* a bheadh mar theideal ar an dráma is mar ainm ar an bpríomhcharachtar, bean a dhéanann a gcreideann sí ann, an rud is cóir. Ach céard é an rud sin?

Bean chúthail í Cóirín, nach bhfuil muinín aici aisti féin, atá tar éis seacht mbliana a chaitheamh ag tabhairt aire dá máthair a cailleadh le deireanas. Mar is gnách i gcásanna mar seo, tá sí tar éis an tréimhse seo a chaitheamh scartha ón saol. Is mian léi tús nua a aimsiú di féin, ainneoin na bpleananna atá ag a deirfiúr, Áine, agus ag a comharsa, Maidhc, di.

Agus mé á scríobh, bhí guth inmheánach Chóirín chomh láidir sin, agus a cuid díospóireachta chomh lárnach don scéal, gur bheartaigh mé cruth daonna, i bhfoirm Chríonna, a thabhairt don choinsias nó don *alter ego* seo.

Cé nach mbaineann an dráma leis an traidisiún áiféiseach, bhí mé ag súil go bhfeidhmeodh an díospóireacht inmheánach mar ghléas *Brechtian*: go mbeadh an lucht féachana in ann breathnú ar na radhairc eile lena bhfuil pléite ag Cóirín agus Críonna, agus dearcadh oibiachtúil a fháil ar an aicsean dá bharr.

Cuid lárnach den dráma é freisin na hamhráin a bhíonn á gcasadh ag Cóirín agus í ar a haistear. Baineann an smaoineamh céanna leo: is gléas *Brechtian* iad, ina n-úsáidtear focail a aontaíonn nó a easaontaíonn le haicsean an dráma, leis an *verfremdungseffekt* nó *distantiation* a chruthú. Ar ndóigh is cuid nádurtha den saol iad amhráin chomh maith.

Dráma é *Tearmann* a scríobh mé le cás na dTeifeach chuig an tír seo a phlé, agus na fadhbannna a bhíonn acu dídean a lorg, a scrúdú. Go minic is cosúil nach mbaintear úsáid as loighic agus iad á gceistiú agus cinntí á ndéanamh fúthu. Bhraith mé go mbeadh sé suimiúil freisin a gcásanna agus an chaoi a gcaitear leo, a chur i gcomparáid lena raibh ar na glúnta Éireannacha a chuaigh ar imirce chuig tíortha eile, a fhulaingt.

Tuigeadh dom agus an dráma á scríobh agam gur bhain sé leis an Amharclann Áiféiseach. Sa chéad radharc tá Aingeal á ceistiú ach, tar éis tamaill, is léir gur ceistiúchán bréagach atá ann, ar nós an chéad radhairc in *Les Bonnes* le Jean Genet: is cosúil ar dtús go bhfuil *Madame* ag caint le duine de na cailíní aimsire, ach de réir a chéile faightear amach go bhfuil duine acusan tar éis páirt *Madame* a ghlacadh chuici féin. Tríd an dráma *Tearmann* bíonn an ceathrar carachtar, Aingeal, Greta, Zoë agus Marcus ag iarraidh pearsanacht a chruthú dóibh féin a d'oirfeadh dóibh a gcás féin a chur ar aghaidh.

Ach nach gnách le gach uile dhuine pearsanacht áirithe a chruthú lena chosaint féin in aghaidh an tsaoil? Nach maith linn go léir an fhírinne a chasadh beagáinín, nó gnéithe áirithe dár saol a cheilt, leis an íomhá cheart a chur os comhair an phobail?

Luigi Pirandello a dhéanann an nós seo a scagadh ina dhrámaí trí choibhneasacht na fírinne, sreabhántacht na féiniúlachta agus bréige na réaltachta a phlé. Braithim gur faoina thioncharsan is mó atá an dráma seo mar go bhfuil na mórchoincheapa seo faoi chaibidil ann. Fadhbanna réalaíocha a bhaineann leis na carachtair, cé nach bhfuil réiteach réalaíoch orthu. Cá bhfios cé chomh randamach is atá na cinntí a dhéantar i gcás a dtodhchaí siúd a leagann lán a ndóchais i rialacha na tíre seo nó i gcóras tíre ar bith eile sa chéad domhan?

ANRAITH NEANTÓIGE
Dráma Dhá Ghníomh

Bhain *Anraith Neantóige* Duais an Oireachtais do Dhráma Ilghníomh in 2003. Fuair sé ardmholadh i nGradam Litríochta Chló Iar-Chonnachta in 2004.

Tugann an dráma seo léargas suimiúil neamhghnáthach dúinn ar an gcogadh – ar chogadh ar bith. Tá samhlaíocht ag baint leis, idir choincheap agus scríbhneoireacht agus ag tús an dráma chuirfeadh na carachtair aisteacha Aimée agus Vera an bheirt chailiúil (Vladimir agus Estragon) ag Beckett i gcuimhne duit. Tá an ceathrar carachtar 'ar an imeall' agus cothaíonn siad saol drámatúil suimiúil.

– Moltóir an Oireachtais

Samhailt atá sa dráma so den tráth amach anso nuair a bheidh an cogadh ina phláigh ghnáthláithreach – má bhíonn. Ina sprioc aire ar an ardán tá coire mór ag tórmach amhrais; luibheanna a chothaíonn an t-anraith ann – más fíor. Tá pluais ar chúl an choire ina maireann beirt bhan – i gcompord choibhneasta. Cuirtear in iúl dúinn go dtarlaíonn cuairteoirí fear orthu ó am go ham, agus ná maireann aon tuairisc 'na ndiaidh – teifigh iad ón gcoimheascar mórthimpeall. An é a gcuid feola a chuireann scamhard ar an anraith? Ní tugtar fuascailt ar an gceist sin, ach is í a dheimhníonn atmasfaer an chúrsa: amhras agus uafás. Saothar sárábalta atá anso.

– Máire Mhac an tSaoi
Moltóir, Ghradam Litríochta Chló Iar-Chonnachta

Tá sé de bhua ag an drámaíocht gur féidir le grúpa beag aisteoirí domhan mór an lae inniu agus an lae inné a chur inár lathair go "simplí" agus go "fírinneach" – agus níl an lá amárach as an áireamh. Chuir compántas amharclainne Aisling Ghéar "domhan" an chogaidh inár láthair sa Theatre Space @ Henry Place, BÁC, sa chéad léiriú den dráma, Anraith Neantóige, le Celia de Fréine, oíche Chéadaoin.

Má rith sé linn go raibh gíocs de mhacalla Beckett nó Ionescu nó Thornton Wilder le brath ar an saothar seo, níl aon amhras ach go bhfuil a guth sainiúil féin ag de Fréine. Tá tuiscint nach beag aici ar an amharclann i bhfianaise an dráma seo agus tá smacht le sonrú sa chumadóireacht. Insítear "scéal" atá simplí le heachtraí truamhéalacha agus pearsana taitneamhacha. Agus tá sé inchreidte.

Chuir an ceathrar aisteoirí domhan an dráma i láthair go tuisceanach fírinneach. Bhí úire agus beocht sa taispeántas ag Dorothy Cotter (Aimée) agus léirigh sí féin agus Máire Hastings (Vera) cé chomh nádúrtha a bhí an saol aisteach seo ar imeall an chogaidh. Ar ndóigh, táimid go léir ar imeall an chogaidh chéanna!

Bhí neart agus cumhacht sna taispeántais ó Barry Barnes (Max) agus Tony Devlin (Guy). Ba léir go raibh an ceathrar i dtiúin leis an dráma (idir throm agus éadrom) a bhí á chruthú ag an údar agus ag an stiúrthóir. A bhuíochas don údar, do Aisling Ghéar agus do bhainistiocht Theatre Space @ Henry Place, bhí oíche bhreá eile amharclainne againn i lár na príomhchathrach.

– Séan Ó Morónaigh, *Lá*

Dráma cumhachtach polaitiúil suite san am atá le teacht atá in 'Anraith Neantóige'. Tráthúil go maith freisin, ba í príomhtheachtaireacht an dráma, gurb iad na gnáthdhaoine a bhíonn thíos leis an gcogaíocht i gcónaí mar 'ní dhearna muid cinneadh'. Sin ráite, nuair a tharraingítear isteach i dtranglam na cogaíochta iad, níl teorainn ar bith nach sáróidh an duine daonna chun a bheatha féin a chinntiú, beag beann ar chlaonadh polaitiúil. Cé nach n-insítear dúinn cá bhfuil an dráma suite nó cé atá i gcath lena chéile – cuireann an rúndiamhaireacht leis an dráma.

– Ciarán Ó Con Cheanainn, *Foinse*

Chruthaigh de Fréine go minic go raibh ar a cumas friotal filíochta a chur ar mhothúcháin mná agus is é baois agus barbarthacht na cogaíochta agus dearcadh na mban ina leith is ábhar do Anraith Neantóige.

Bhí an aisteoireacht thar barr, go mórmhór aisteoireacht Dorothy Cotter i bpáirt Aimée, an cailín óg ón chathair a bhí tráth ina múinteoir scoile agus Máire Hastings i bpáirt Vera, an tseanbhean a bhfuil gaois mhuintir na tuaithe aici agus atá réidh saighdiúir ar bith a thagann ina haice a mharú gan trua gan taise.

– Máiréad Ní Chinnéide, *The Irish Times*

Pearsana

Aimée	iarmhúinteoir, 27 bliain
Vera	iarfheirmeoir, 49 bliain
Max	seirseanach, 33 bliain
Guy	buachaill cíosa, 27 bliain

Léirigh Aisling Ghéar an dráma seo mar chuid den Fhéile Borradh Buan, Féile Amharclainne Bhaile Átha Cliath in 2004 agus tugadh ar camchuairt ina dhiaidh sin é.

Bhí an fhoireann seo a leanas páirteach ann:

AIMÉE	Dorothy Cotter
VERA	Máire Hastings
MAX	Barry Barnes
GUY	Tony Devlin

Stiúrthóir	Bríd Ó Gallchóir
Dearthóir	Fiona Leech
Dearthóir Fuaime	J J Vernon
Dearthóir Éadaí	Donna Hughes
Dearthóir Soilsithe	Rob Furey
Bainisteoir Léiriúcháin	Mags Mulvey
Criú Soilsithe	Gráinne Farrell
Dearadh Póstaeir	Aindreas Ó Gallchóir
Grianghrafadóireacht	Thomas Kern

An Seit

Píosa talaimh ghairbh ar thaobh cnoic os comhair pluaise, áit a bhfuil cónaí ar Vera *agus ar* Aimée, *atá sa seit. Tá béal na pluaise i gcúl an stáitse; chun tosaigh tá pota mór os cionn tine bréige. Caite thart tá cearchaillí, buicéid, scáthán, pluideanna agus cathaoireacha infhillte. Crochta ar shreang ar chlé tá bríste buí, stocaí, &rl. Ar dheis tá bairille ina bhfuil úlla curtha i dtaisce.*

Is féidir Radharc a hAon a stáitsiú os comhair an tseit ar naprún an stáitse, nó i dtaobhranna na hamharclainne.

Nótaí

Tá an dráma seo suite sa lá atá inniu ann i dtír ina bhfuil cogadh ar siúl. Baineann sé leis an Traidisiún Áiféiseach faoi mar atá le sonrú i gcomhrá, aicsean agus cultacha na gcarachtar: tá Aimée *gléasta in éadaí ildathacha – bríste gearr, riteoga stríocacha, buataisí móra; tá* Vera *gléasta in éadaí glasa, seaicéad bréidín, sciorta siofáine, téada lurex snite tríothu araon; tuxedo le heireabaill, t-léine stríocach, buataisí canbháis atá á gcaitheamh ag* Guy; *éide chaicí ghiotamála, scaif bhuí, stocaí bána, buataisí móra, caipín dearg atá ar* Max.

Gníomh a hAon

Radharc a hAon

Maidin

Ardaítear na soilse ar an naprún. Cloistear urchair, buamaí agus innill jípeanna i gcéin. Isteach le AIMÉE, *grianghraf de bhuachaill 7 mbliana d'aois ina glac aici.*

AIMÉE: Seo é Gréagóir. An bhfaca éinne agaibh é? Tá sé seacht mbliana d'aois. Céard fútsa – an bhfaca tusa é? Nó tusa – an bhfaca tusa é? Dath fionn atá ar a chuid gruaige. *Sos.* I ndáiríre bheadh sé ocht mbliana d'aois ... tá sé ocht mbliana d'aois. Tógadh an grianghraf seo bliain ó shin. Bheadh a chuid gruaige tar éis éirí níos faide ... níos dorcha ...

Isteach le GUY. *Ritheann* AIMÉE *chuige, í ar bís, léimeann in airde air is casann a cosa thairis.*

AIMÉE: A Guy! A stór!

GUY: A Aimée!

AIMÉE: Aon scéal?

GUY: Diabhal scéal, a stór. Aon scéal agat féin?

AIMÉE: Diabhal scéal, seachas an seanscéal. Cén chaoi a bhfuil cúrsaí sa gcathair?

GUY: Mar an gcéanna. Agus sna sléibhte?

AIMÉE: Mar an gcéanna. Ní athraíonn tada.

GUY: Ní athraíonn, muis.

Anuas le AIMÉE. *Tógann* GUY *amach grianghraf de bhean mheánaosta.*

GUY: An bhfaca éinne agaibh an bhean seo? Mona is ainm di. *(é trí chéile).* Tá sí thart ar chaoga bliain d'aois. Nó b'fhéidir go bhfuil sí ruainne beag níos sine. Ní déarfadh sí riamh cén aois í.

AIMÉE: Ná lig dóibh an lámh in uachtar a fháil ort.

GUY: Tá mé in éad leat, a Aimée. Le do mhisneach. *(don lucht féachana).* Dath dubh atá ar a cuid gruaige. Bheadh sí liath faoin am seo. Bán, b'fhéidir. Dhathaíodh sí i gcónaí í.

AIMÉE: *(ag breathnú ar ghrianghraf Ghréagóir).* Bheadh sé athraithe, an créatúr. Ní aithneodh éinne é.

GUY: D'aithneoinn é. D'aithneofá é. D'aithneodh Vera é.

AIMÉE: Ní fhaca Vera riamh é.

GUY: Ná mise. Ní fhaca mise riamh é. Ach d'aithneoinn é. Táim cinnte de sin. Agus d'aithneofása é. Gan dabht.

AIMÉE: Seans gur bhearr siad a chuid gruaige. Meas tú ar bhearr?

GUY: Seans maith gur bhearr.

AIMÉE: Déanann siad é sin ins na háiteacha sin, nach ndéanann? Sna campaí is sna dílleachtlanna. Bearrann siad gach ribe gruaige dá bhfuil ar na gasúir le fáil réidh leis na míolta cinn. Bíonn sé do-dhéanta fáil réidh leis na míolta cinn na laethanta seo.

GUY: Bíonn siad chomh láidir sin. Mór agus ramhar. Iad in ann teacht slán ón díghalrán. Bíonn sármhíolta ann, bíodh a fhios agat. Agus sárchuileoga. Sárbhultúir. Francaigh atá fiche orlach ar fad.

AIMÉE: Nach tú atá eolach! D'fhéadfainn an lá uilig a chaitheamh ag éisteacht leat.

GUY: I ndáiríre?

AIMÉE: Cuir draíocht orm, a Guy.

GUY: Ar ball.

AIMÉE: Nó cleas. Imir cleas orm. An bhfuil na cártaí agat?

GUY: Níl, is trua.

AIMÉE: Céard faoi na scidilí? Ar éirigh leat an lámh in uachtar a fháil orthu?

GUY: Is fearr liom na liathróidí.

Tógann GUY *trí liathróid amach as a phóca agus tosaíonn á gcaitheamh san aer.*

AIMÉE: Cártaí agus liathróidí! Cuireann tú iontas orm.

GUY: Dá mbeadh na colúir agam d'fhéadfainn an cleas eile sin a chleachtadh. Níl a fhios agam céard a tharla don phéire breá bán a bhí agam. Caithfidh gur ith duine éicint iad.

AIMÉE: Céard faoi choinín? Níor tháinig tú ar choinín fós?

GUY: Níl coinín fágtha sa tír, tá mé ag ceapadh. Bíonn daoine ag fáil réidh le chuile rud beo.

Isteach le VERA *faoi dheifir, dhá mhála ar iompar aici. Anonn le* GUY *chuici. Ardaíonn sí a gnúis chuige agus pógann sé í.*

VERA: Bhí a fhios agam nár chóir dúinn teacht chuig an mbaile inniu.

GUY: Déanann sé maith duit teacht anuas ón gcnoc sin thall anois is arís, is castáil le daoine.

VERA: Nach in í an fhadhb! A Aimée, tá sé in am dúinn greadadh linn.

AIMÉE: Tuige an deifir?

VERA: Tuigeann tú go maith cé chomh contúirteach is atá sé thart anseo.

AIMÉE: A Vera, níl muid ach tar éis *land*áil. Níl a fhios agam, fiú, cén áit a bhfuil cónaí ar Guy na laethanta seo.

GUY: In íoslach. Faoi sheanteach. Ar thaobh tuathail na cathrach.

VERA: Ní dhearna muintir na dtithe sin lá maitheasa riamh. Tithe móra is boic mhóra iontu. Iadsan is cúis le chuile olc agus muide atá thíos leis. *Sos.* Tá tú ag obair leat?

GUY: Tá. Gafa an t-am ar fad.

Bogann VERA *i dtreo an stáitse.*

AIMÉE: Á, a Vera, gheall tú dom go bhféadfainn dul chuig an Ionad Siopadóireachta.

VERA: Níl tada fágtha in aon áit.

GUY: Gheobhaidh mise rud éicint deas duit.

AIMÉE: Cén uair a fheicfeas muid arís thú?

GUY: Sara i bhfad. Tá mé ag obair ar sheó úr – le léiriú os comhair na saighdiúirí.

AIMÉE: Cé na saighdiúirí?

GUY: Níor shocraigh mé air sin fós.

AIMÉE: Iad siúd a bhfuil an lámh in uachtar acu, is dócha! Mar is acusan atá an t-airgead. *Sos.* Cé aige a bhfuil an lámh in uachtar?

GUY: Lucht an Iarthair, a chuala mé.

Díomá ar AIMÉE *& ar* VERA.

VERA: Tá sé deacair é sin a chreidiúint.

GUY: Dúirt duine éicint eile go raibh an lámh in uachtar ag dream eile – go raibh Lucht an Oirthir tar éis buachan ar Lucht an Iarthair.

Díomá ar VERA *agus ar* AIMÉE.

AIMÉE: Sách maith acu!

VERA: A Aimée, níl tú ag iarraidh go ndéanfaí tú a lámhach, an bhfuil?

GUY: An gá daoibh imeacht anois, ar an bpointe boise?

AIMÉE: Feicfimid go luath thú?

VERA: Bíonn fáilte romhat i gcónaí. Mar is eol duit. Leis an méid atá curtha i dtaisce againn a ithe.

GUY: Ní dhéanfaidh mé dearmad ar an gcuireadh. *Sos.* Céard ba mhaith leat, mar bhronntanas, a Aimée?

AIMÉE: Builín aráin.

GUY: Arán bán?

AIMÉE: *Sliced pan.* An ceann a leathann go cairtchlár id bhéal.

Beireann AIMÉE *barróg ar* GUY. *Suas le* VERA *agus le* AIMÉE, *iad faoi dheifir, i dtreo na pluaise. Réitíonn siad an timpeallacht is osclaíonn béal na pluaise. Múchtar na soilse ar naprún an stáitse. Amach le* GUY. *Ardaítear na soilse ar an bpríomhstáitse.*

Nóin

Tuann VERA *cearchaillí. Snasaíonn* AIMÉE *an scáthán agus filleann sí na pluideanna. Cloistear buamaí ag pléascadh i bhfad uathu.*

AIMÉE: A Vera, an bhféadfá rud amháin a mhíniú dom?

VERA: Rud amháin.

AIMÉE: An chaint seo uilig faoin gcogadh. *Sos.* A Vera, inis dom, cé atá ag troid faoi láthair?

VERA: An taobh eile, muis. Nár mhínigh mé duit cheana é?

AIMÉE: Ní thuigim, má tá an taobh eile ag troid, cé leis a bhfuil siad ag troid?

VERA: Ceist amháin, freagra amháin.

AIMÉE: Níor leor freagra amháin uaimse an lá ar casadh ar a chéile muid.

VERA: Nach féidir leat dearmad a dhéanamh ar an lá sin?

AIMÉE: Ní dhéanfaidh mé dearmad go deo air.

VERA: (*strainc uirthi*). Féach, tá Lucht an Iarthair, an taobh eile, lucht na gcótaí glasa ag troid faoi láthair. Ní déarfaidh mé arís é.

AIMÉE: Ach cé leis a bhfuil siad ag troid? – an taobh eile arís, an ea – Lucht an Oirthir?

VERA: Sea. Lucht an Oirthir.

AIMÉE: Lucht na gcótaí gorma? Céard faoi lucht na gcótaí caicí?

VERA: Níl iontu siúd ach scealpghrúpa.

AIMÉE: (*ag canadh*). 'Fill na héadaí, fill na héadaí'. *Sos.* Céard faoi mo thaobhsa, le do thoil, a Vera, an mbíonn siadsan fós ag troid?

VERA: A Aimée!

AIMÉE: Tá sé iontach casta, nach bhfuil?

VERA: Níl sé pioc casta. Nach cuimhneach leat?

AIMÉE: Is cuimhneach.

VERA: Nár mhínigh mé duit cheana é?

AIMÉE: Mhínigh.

VERA: Cén fáth an cheist, mar sin?

AIMÉE: Rinne mé dearmad.

VERA: Má éisteann tú go géar liom, agus má dhéanann tú machnamh ar an méid a bhíonn le rá agam, ní dhéanfaidh tú dearmad.

AIMÉE: Ní dhéanfaidh mé dearmad amach anseo, a Vera, geallaim duit. *Sos*. Inis dom arís é.

VERA: A Thiarna, tabhair foighne dom! Níl do thaobhsa ag troid fós toisc gur buadh orthu.

AIMÉE: Aon seans gur aiséirigh siad?

VERA: Dheamhan maith a bhí iontu.

AIMÉE: Gabh i leith, an taobh eile arís, cé hiad féin?

VERA: An amhlaidh go gceapann tú gur ginearál míleata mé?

AIMÉE: Agus do thaobhsa?

VERA: Nach bhfuil a fhios agat go maith gur buadh orthusan ag an tús!

Fágann AIMÉE *an siosúr ar bharr na bpluideanna.*

VERA: Bí cúramach leis an siosúr sin. Cuir ar ais sa mbosca é nuair a bheidh tú críochnaithe leis.

AIMÉE: (*ag canadh*). 'Cuimil na héadaí, cuimil na héadaí'. Má buadh ar do thaobhsa, agus má buadh ar mo thaobhsa, táimid cothrom, nach bhfuil?

VERA: B'fhéidir é. Agus dheamhan difear a dheineann sé dúinne cé aige a bhfuil an lámh in uachtar – Lucht an Iarthair, Lucht an Oirthir, nó Lucht ar bith eile.

AIMÉE: *Sos*. An dóigh leat go bhfuil a fhios ag na saighdiúirí féin, cé leis a bhfuil siad ag troid?

VERA: *Sos*. Sin ceist mhaith anois. An bhfuil a fhios ag na saighdiúirí féin cé leis a bhfuil siad ag troid, nó cén taobh ar a bhfuil siad ag troid, fiú amháin? Ara, muis, caithfidh sé go bhfuil a fhios acu. Caithfidh sé go bhfuil siad ag

troid ar son na cúise, cibé cúis atá roghnaithe acu. Tá an ceart agat. Tá sé casta.

Faightear spléachadh ar MAX, *é faoi bhun sceiche.*

AIMÉE: Ach tiocfaidh deireadh leis lá éicint.

VERA: Creid é sin, más mian leat é.

AIMÉE: Buailfimid bóthar an lá sin. *Sos.* Cén uair a thiocfas deireadh leis – dar leat?

VERA: Dá mbeadh a fhios agam, d'fhéadfainn a rá – i gceann coicíse – abair.

AIMÉE: Bheadh coicís an-sciobtha.

VERA: Déarfaimid – i gceann míosa.

AIMÉE: Bheadh mí an-sciobtha.

VERA: Céard faoi – tar éis an gheimhridh? Nuair a bheidh na sabhaircíní faoi bhláth.

AIMÉE: Dheamhan sabhaircín a bhí le feiceáil i mbliana.

Breathnaíonn VERA *isteach sa mbairille.*

VERA: Ar ith tú úll inniu?

AIMÉE: Níor ith. Seachas an ceann a bhí fágtha amach dom. Ceann beag bídeach.

VERA: Tá dhá cheann ar iarraidh.

AIMÉE: Ná habair go raibh tú á gcomhaireamh arís?

VERA: An bhfaca tú éinne thart ar maidin?

AIMÉE: Ní fhaca.

VERA: An bhfuil tú cinnte?

AIMÉE: Dá bhfeicfinn, bheadh a fhios agam é.

VERA: Is ar éigean a bheimid in ann maireachtáil ar an méid atá curtha i dtaisce againn.

AIMÉE: Agus an méid a fhaigheann muid ó Guy.

VERA: *(go híorónta).* Rinne mé dearmad glan ar an méid sin!

AIMÉE: Bíonn tú i gcónaí ag caitheamh anuas ar mo chairde.

VERA: Tá níos mó ná cara amháin agat?

AIMÉE: Tá. *Sos*. Beirt. Duine amháin níos mó ná mar atá agat féin. *Sos*. Agus ní ghoidfinn iad dá mbeinn ag brath orthu. Is fuath liom iad. Magairlí beaga smolchaite.

Cloiseann siad fothram os a gcionn. Ritheann siad isteach i mbéal na pluaise. Cloistear buamaí ag pléascadh. Sa bhfuascar ciceálann AIMÉE *an scáthán amach i dtreo na scáileanna.*

VERA: Ní fhaca muid ceann le ceithre lá.

AIMÉE: Trí lá.

VERA: Dé Máirt a chonaic muid an ceann deireanach.

AIMÉE: Dé Céadaoin.

VERA: Go sábhála Mac Dé sinn! A Aimée, nár dhúirt mé leat gan do bhríste a chrochadh thall?

AIMÉE: Dúirt.

VERA: Agus cén fáth ar dhúirt?

AIMÉE: Ar eagla go bhfeicfeadh éinne iad.

VERA: Bhuel, tá siad feicthe anois ag an bpíolóta sin.

AIMÉE: Seans!

VERA: Bí cinnte go bhfuil sé tar éis lán a shúl a bhaint astu.

AIMÉE: Meas tú ar thaitin an dath leis? Is breá liom bríste buí. Ó, *no*! Breathnaigh mo scáthán! Agus b'éigean do Guy sciurdadh faoi na snípéirí lena lootáil dom.

VERA: Beidh air sciurdadh faoi na snípéirí an athuair le ceann eile a lootáil duit. *Sos*. Ní thugann tú aird ar bith ar a mbíonn le rá agam. Bríste buí. Buí an dath is so-aitheanta dá bhfuil ann. An dath a bhíonn ar na seaicéid tarrthála is ar na fáinní tarrthála is ar na baoithe amuigh ar an bhfarraige.

AIMÉE: Is fada ó bhí mé cois farraige! *Sos*. Go hiondúil ní thagann siad ag an deireadh seachtaine. Is ar an Luan nó ar an gCéadaoin a thagann siad.

VERA: Sssh ... ar chuala tú aon cheo?

AIMÉE: Níor chuala.

VERA: Níor chuala tú aon cheo níos luaithe?

AIMÉE: Níor chuala. *Sos.* Ag an am céanna ní féidir a bheith cinnte go bhfaca éinne muid.

VERA: An amhlaidh go gceapann tú nach raibh éinne thuas sa *friggin'* eitleán? Go raibh sé á thiomáint féin?

Amach leo as an bpluais.

VERA: Caithfidh sé go raibh duine éicint thuas ann agus, má bhí, caithfidh sé go bhfaca sé muid.

AIMÉE: Nach cuma má chonaic? *Sos.* Seans go bhfuil sé thart ar aon chaoi!

VERA: Níl sé thart. Breathnaigh!

Breathnaíonn siad i dtreo na scáileanna.

AIMÉE: Deatach! Meas tú, céard a bhuail siad an babhta seo?

VERA: An tIonad Siopadóireachta, is cosúil.

Leanann VERA *le tua na gcearchaillí. Baineann* AIMÉE *an bríste anuas den tsreang agus coinníonn uirthi ag breathnú amach i dtreo na scáileanna.*

AIMÉE: *(ag canadh).* 'Bain anuas na héadaí, bain anuas na héadaí'. Ba bhreá liom gúna nua. Gúna tráthnóna. Agus lámhainní ag síneadh chomh fada le barr mo ghéag. Tiara le mo chuid gruaige a choinneáil siar. Agus smideadh. Ach, faraor, tá na cuntair smididh leagtha go talamh anois.

VERA: Béaldath ag leá ar fud na cathrach. *Sos.* Céard faoi bhróga?

AIMÉE: Is breá liom snasleathar.

VERA: Déarfainn go bhfuil gach péire díobh ina stangadh.

AIMÉE: Nach cuma! Níl airgead ag éinne lena cheannach.

Anonn le AIMÉE *chuig na scáileanna.*

VERA: Bíonn airgead i gcónaí ag lucht na meán, lena gceamaraí, is lena dtaifeadáin, is lena dtrealamh uilig. Daoine á scannánadh acu is iad ag fáil bháis.

AIMÉE: Ní hiad na siopaí amháin atá trí thine.

VERA: Céard eile a bhí fágtha le dó?

AIMÉE: An Ardeaglais!

VERA: Go sábhála Mac Dé sinn! Tá an ceart agat.

Anall le AIMÉE *chuig na pluideanna. Anonn le* VERA *chuig na scáileanna.*

AIMÉE: Beidh na boscaí faoistine trí thine. An deatach ag séideadh isteach, ag tachtadh éinne atá ag iarraidh dídine iontu. *Sos.* B'in an t-aon uair riamh a bhí mé istigh ina leithéid d'áit lofa.

VERA: Agus buíochas mór le Dia gur tháinig mé ort agus tú istigh ann.

AIMÉE: Agus buíochas mór go raibh mise in éindí leat agus an fhoirm sin le saighneáil agat.

VERA: Tá mise in ann m'ainm a litriú.

AIMÉE: Céard faoi do shloinne?

VERA: Ainm m'athar? Cén mhaith atá ina leithéid?

Anall le VERA *chuig na cearchaillí.*

AIMÉE: B'aoibhinn liom dul go cathair eile.

VERA: Tá gach cathair sa tír seo scriosta.

AIMÉE: Caithfidh sé go bhfuil cathracha áille amuigh ansin in áit éicint. Le tithe spéire. Óstlanna. Linnte snámha.

VERA: Tá, iad go léir leagtha go talamh.

AIMÉE: Más fíor duit, níorbh fhiú cuairt a thabhairt orthu.

VERA: Níorbh fhiú.

AIMÉE: *Sos.* Céard faoi na daoine? Meas tú an bhfuil daoine cosúil linne iontu?

VERA: Bíonn ár leithéidí le fáil i ngach áit.

AIMÉE: Tá súil agam go mbeidh Guy in ann an builín sin a fháil dom.

VERA: Ní bheinn ag brath air.

AIMÉE: Níor lig sé síos riamh mé.

VERA: Sssh ... ar chuala tú aon cheo?

AIMÉE: Siosarnach na gaoithe – tá mé ag ceapadh.

VERA: Níor chuala tú aon cheo níos luaithe?

AIMÉE: Níor chuala. *(ag canadh).* 'Croch amach na héadaí, croch amach na héadaí, croch agus croch agus croch amach na héadaí'. Thaitníodh an naíonra le Gréagóir.

VERA: Déan dearmad ar an scrap beag sin. Ní hé do mhac féin é, fiú amháin.

AIMÉE: D'éirínn go moch ar maidin, chuirinn orm mo chulaith liath, d'ithinn mo bhricfeasta. Théinn isteach chuig an scoil. Bhíodh arán ann. Agus glasraí. Torthaí.

VERA: Bhíodh an ghráinseach lán. Bairillí lán le húlla.

AIMÉE: Thugadh na gasúir úll dom go minic. Úll don múinteoir.

VERA: Bhíodh toradh maith ar na goirt. Boid mhóra ag éirí aníos as an arbhar. Seacht nó ocht dtroigh in airde.

AIMÉE: *Sos.* Tá ocras orm.

Isteach sa bpluais le AIMÉE. *Leanann* VERA *í, ag faire mórthimpeall uirthi. Íslítear na soilse. Isteach le* MAX. *Tosaíonn ag tochailt sa mbairille agus ag ithe úill.*

RADHARC A TRÍ

Iarnóin

Ardaítear na soilse. Isteach de rúid le VERA. *Beireann sí ar* MAX. *Casann sí a lámha taobh thiar dá dhroim agus suíonn air. Isteach le* AIMÉE.

AIMÉE: Ná habair go bhfuil tú tar éis breith ar cheann eile!

MAX: Hé!

VERA: Dún suas do chlab.

Suíonn AIMÉE *air agus ceanglaíonn* VERA *a lámha le laincisí plaisteacha. Is léir go bhfuil taithí ag an mbeirt acu ar an nós seo.*

AIMÉE: Ní sceimhlitheoir é, is cosúil.

VERA: Ní sabaitéir é ach oiread.

MAX: Céard atá ar siúl agaibh?

VERA: Is trodaí de shaghas éicint é, gan dabht.

AIMÉE: Nach aisteach an éide atá air?

MAX: Scaoil saor mé!

VERA: Éide throda í ag an am céanna.

AIMÉE: Ní fheicim aon stríoca air. An bhfeiceann tusa?

VERA: Ní fheiceann. Réaltaí ach oiread. Ach ní chiallaíonn sin tada.

MAX: Impím oraibh.

AIMÉE: Abair é sin arís.

MAX: Impím oraibh. Scaoil saor mé.

AIMÉE: Arís?

MAX: Tá tusa as do mheabhair.

AIMÉE: Mise? An mbímse ag dul thart ag goin daoine? Ag marú daoine neamhchoireacha?

MAX: Tá súil agam nach mbíonn.

Beireann VERA *ar a shuaitheantas agus ar a vallait agus scrúdaíonn iad, cuma ghránna uirthi.*

AIMÉE: An mbímse ag scaoileadh buamaí anuas ón spéir?

MAX: Is saighdiúir mise. Saighdiúir a bhíonn ag troid ar an talamh.

AIMÉE: Ag marú daoine neamhchoireacha. Nach bhfuil an ceann seo thar a bheith gránna, a Vera?

VERA: Níos measa ná mar a cheapann tú.

MAX: Cá bhfuil mé?

VERA: Roghnaigh sliabh.

MAX: Sliabh an óir?

AIMÉE: Seo é an sliabh mór.

MAX: Agus mise ag ceapadh gur ar shliabh an óir a bhí mé.

AIMÉE: Tá an sliabh seo mór agus tá ór ann.

MAX: Cé atá i gceannas anseo?

VERA: Nach bhfuil sé sin soiléir?

MAX: Cén t-údarás? Cén t-arm? Cé aige a bhfuil an lámh in uachtar?

Pléascann an gáire ar AIMÉE *agus ar* VERA.

MAX: Bhí mé ag iarraidh mám a aimsiú.

VERA: Mám, a deir tú?

MAX: Sea.

VERA: Ní fheicim aon mhám thart anseo. An bhfeiceann tusa?

MAX: Ní fheiceann. Ach deirtear go bhfuil seanmhám ar shliabh an óir. Ceann a d'úsáideadh na hoilithrigh sna seanlaethanta.

VERA: Seans go bhfuil mám – ar shliabh an óir.

MAX: An bhfuil sibh ag rá nach bhfuil muid ar shliabh an óir?

AIMÉE: Inis thusa domsa.

MAX: Tá ór anseo?

AIMÉE: Cinnte tá ór anseo. Bíonn ór le feiceáil chuile oíche. Má bhreathnaíonn tú siar feicfidh tú ór ar an abhainn is ar na carraigeacha.

MAX: Cá bhfuil an teorainn?

VERA: Cén teorainn atá i gceist agat?

Casann VERA *agus* AIMÉE *pluid thairis.*

MAX: An teorainn idir an tOirthear is an tIarthar ... céard atá ar siúl agaibh? Idir an Tuaisceart is an Deisceart. Céard a rinne mé oraibh? Céard?

Tosaíonn AIMÉE *ag imirt cleas bacóide agus ag léim thairis.*

AIMÉE: Tá sé tar éis éirí ciúin. Níl sé marbh, an bhfuil?

VERA: Níl.

AIMÉE: Gheobhaidh sé bás gan deoichín.

VERA: Is gan bhia, is gan éadaí úra.

AIMÉE: Sea, gheobhaidh, an créatúr. Meas tú an bhfuil sé ina chodladh?

VERA: Déarfainn é.

AIMÉE: Agus níl sé marbh?

VERA: Níl. Go fóill.

Isteach sa bpluais le VERA.

AIMÉE: A haon, a dó! A haon, a dó. A trí, a ceathair. Ar ais, a haon, a dó, a trí!

Ligeann MAX *osna as.*

AIMÉE: A haon, a dó!

MAX: Ó, ó ...

AIMÉE: A trí, a ceathair. Ar ais ...

MAX: Tá cleachtadh agat air sin. Tá tú go maith aige.

Leanann AIMÉE *uirthi.*

MAX: Bhíodh mo dheirfiúracha i gcónaí ag scipeáil.

AIMÉE: An amhlaidh go bhfuil tú ag rá go mb'fhearr leat dá mbeinn ag scipeáil?

MAX: Ní hin a bhí i gceist agam in aon chor.

AIMÉE: Ní maith leat an léim bhacóide?

MAX: Ní hin a duirt mé. Coinnigh ort.

Léimeann AIMÉE *thairis.*

MAX: Is breá liom an scipeáil. Ach is maith liom an léim bhacóide freisin. Ní ón gceantar seo thú?

AIMÉE: Ní hea.

MAX: Ón gcathair, an ea?

AIMÉE: É sin a deirtear. A haon, a dó, a trí …

MAX: An cuimhneach leat cén ...

AIMÉE: *No,* ní cuimhneach liom cén chathair.

MAX: An phríomhchathair, déarfainn.

AIMÉE: Tuige?

MAX: Is bean shofaisticiúil thú. Múinte.

Breathnaíonn AIMÉE *air.*

AIMÉE: Is ionann an plámás is an achainí. Leanann ceann amháin acu an ceann eile.

MAX: An dtabharfaidh tú deoichín dom, led thoil? Deoichín uisce. É sin an méid atá uaim.

AIMÉE: Deoichín uisce, an bhfuil tú cinnte de sin?

MAX: Tá. Tá an abhainn ag dul thar bhruach, is tá bhur gcrúiscín lán. Impím ort dul isteach sa bpluais agus uisce a dhoirteadh as an gcrúiscín isteach im bhuidéal.

AIMÉE: Cén chaoi a bhfuil a fhios agat céard atá sa bpluais? Gadaí thusa, nach ea? A bhíonn ag dul thart ag bagairt ar mhná neamhchiontacha. Ag iarraidh an lámh in uachtar a fháil orthu. Ag goid uathu.

MAX: Ní gadaí mé.

AIMÉE: Tusa a bhíonn ag goid na n-úll.

MAX: Ní raibh ach dhá cheann agam.

AIMÉE: Trí cinn.

MAX: Rudaí beaga smolchaite. Impím ort – tabhair deoch uisce dom.

AIMÉE: Bheadh an costas ró-ard.

MAX: Tá an t-uisce saor in aisce.

AIMÉE: Fiú má tá an abhainn lán agus, má tá an crúiscín lán agus, má tá an t-uisce saor in aisce, níl an gníomh saor.

MAX: Tá. Tá sé saor. Ní tusa a bheidh freagrach as. Déan as do stuaim féin é, impím ort.

AIMÉE: Tá tusa ag tabhairt ordú domsa rud a dhéanamh as mo stuaim fein?

MAX: Níl ... tá, ach imeoidh mé ansin. Ní chuirfidh mé isteach oraibh níos mó. Níor chuir mé isteach oraibh go dtí seo is ní chuirfidh mé isteach oraibh amach anseo.

AIMÉE: Imeoidh tú. Agus na téada sin ort?

MAX: Imeoidh mé má scaoileann tú saor mé. Is cailín deas thú. Bean dheas. Bean dheas shofaisticiúil.

AIMÉE: Is tusa an namhaid.

MAX: Le do thoil?

AIMÉE: Déan dearmad air.

MAX: Tá tusa id namhaid agat féin. *Sos.* Ní fhéadfása mé a scaoileadh saor ar aon chaoi.

AIMÉE: D'fhéadfainn, dá mba mhian liom é.

MAX: Ní fhéadfása cinneadh a dhéanamh fúmsa ná faoi aon rud eile. Is í do chompánach a dhéanann na cinntí uilig.

AIMÉE: An raibh tusa ag éisteacht linn? Lenár gcomhrá príobháideach. Is fuath liom daoine a dhéanann a leithéid.

MAX: Ní raibh mé ag éisteacht libh.

AIMÉE: Cé nach mbaineann sé leatsa, beag ná mór, is páirtithe muid. Seo í ár bpluais. Is linne an abhainn sin thall. Sin iad ár bpluideanna is ár n-úlla. Déanann muid beirt cinneadh faoi chuile rud. *Sos.* Ní éireoidh leat éalú as an áit seo ach amháin má bhíonn tú in ann eadarbhuasú as an bpluid sin.

Isteach le VERA.

VERA: Ná bí á ghríosú.

AIMÉE: Ní raibh.

VERA: Ná bí ag caint leis.

AIMÉE: Ócé, ócé!

MAX: Ar a laghad, inis dom cén áit a bhfuil mé.

VERA: Nach cuma?

MAX: Bhí mé ag iarraidh teacht ar mhám. Mám na n-oilithreach. An ceann a bhíodh le feiceáil ag sní anuas ó bharr an tsléibhe.

VERA: Dúirt tú é sin cheana.

MAX: An é seo an sliabh mór, i ndáiríre?

VERA: Nach cuma más ar shliabh mór nó ar shliabh beag atá tú? Tarlóidh an rud ceannann céanna duit.

MAX: Céard a tharlós dom? Tabhair deoichín dom agus buailfidh mé an bóthar. Ní fheicfidh sibh go deo arís mé.

VERA: Go dtí go mbuaileann an chéad saighdiúir eile isteach chugainn.

MAX: An dtagann mórán saighdiúirí an bealach seo? A Chríost, ná habair gurb í seo an áit!

VERA: Seo é an sliabh. An sliabh mór nó an sliabh beag, sliabh an óir nó sliabh an airgid, sliabh le mám, nó gan mhám, cibé sliabh is mian leat. Dún do chlab anois nó dúnfaidh mise duit é.

AIMÉE: Seans go raibh dul amú orm, a Vera – meas tú an bhfuil an ceann seo níos cineálta ná na cinn eile?

VERA: Bíonn siad uilig séimh scaití. Ansin athraíonn siad.

AIMÉE: Cuir i gcás gur scaoil muid saor é ...

VERA: Céard faoin gcéad cheann eile?

AIMÉE: Agus an chéad cheann eile ina dhiaidh sin – cuir i gcás gur scaoil muid saor iad uilig ...

VERA: Bheadh scuaine díobh ag teacht agus ag imeacht. Suas, síos an sliabh. Nach n-éireofá bréan de sin?

AIMÉE: D'éireoinn, is dócha. Ach bheadh sé difriúil, ar feadh tamaillín.

VERA: Sea, ar feadh tamaillín. *Sos.* Samhlaigh duine amháin acu ag baint na cathrach amach. Ag inseacht dóibh faoin áit a raibh muid.

AIMÉE: Seans nach mbeidís in ann an áit seo a aimsiú arís...

VERA: An as do mheabhair atá tú? Ní féidir é a scaoileadh saor. Níl an dara rogha againn. Tá sé chomh maith againn leanúint ar aghaidh faoi mar a bhí. Dá mbeimis ag athrú ó nós amháin go nós eile, seans go ndéanfaimis dearmad ar an gcinneadh a bhí déanta againn, ar an obair a bhí idir lámha againn. Bheadh orainn stop a chur leis an obair sin, cúrsaí a phlé, machnamh a dhéanamh orthu, agus cinneadh úr a dhéanamh – bheimis ag cur ár gcuid ama amú. Éist liom, a Aimée. Ní féidir an ceann seo, ná aon cheann eile, a scaoileadh saor. Ní féidir dul sa seans. Má táimid ag iarraidh dídean a choinneáil os cionn ár gcloigne, caithfimid an áit seo a chosaint.

Tagann MAX *chuige féin arís.*

MAX: A bhitseacha bradacha!

VERA: Ssssh ... ar chuala tú aon cheo, a Aimée?

AIMÉE: Nílim céad fán gcéad cinnte, ach ceapaim gur chuala mé focal gránna.

MAX: Chuala sibh go maith céard a dúirt mé.

VERA: Céard é sin?

MAX: A bhitseacha bradacha!

VERA: Cé hiad féin? Cé orthu a bhfuil tú ag leagan na bhfocal gránna úd?

MAX: Oraibhse, a chailleacha as ifreann.

VERA: Ar chuala tusa é sin, a Aimée?

AIMÉE: Chuala. D'úsáid sé an C-fhocal. Níl aon amhras orm faoi.

VERA: Agus roimhe sin, mura bhfuil dul amú orm, chuala mé an B-fhocal ag teacht amach as a bhéal.

AIMÉE: B'in é go díreach a chuala tú, a Vera. Agus, mura bhfuil dul amú orm, ní fheicim aon duine thart anseo a bhféadfaí na focail sin a leagan orthu. An B-fhocal, nó an C-fhocal. An bhfeiceann tusa?

VERA: Ní fheiceann. Ná níl aithne agam ar a leithéidí a dtabharfainn na focail sin orthu. Chomh fada is a bhaineann sé liomsa, tá na focail sin imithe as caint na ndaoine.

AIMÉE: Is as an bhfoclóir, nó ba chóir go mbeadh.

VERA: Ach fós táimid tar éis iad a chloisint anseo inniu.

AIMÉE: Tá.

VERA: Agus tusa tar éis pléadáil ar a shon.

AIMÉE: Caithfidh go raibh mé as mo mheabhair.

MAX: A striapach lofa!

AIMÉE: Arbh é sin an S-fhocal?

VERA: Ba é, go bhfóire Dia orainn.

AIMÉE: Meas tú an bhfuil sé ag iarraidh rith tríd an aibítir ar fad?

VERA: Seans go samhlaíonn sé go bhfuil sé ar ais sa naíonra. Tarlaíonn sé scaití – filleann roinnt acu ar laethanta a n-óige, ag an deireadh.

AIMÉE: Filleann, muis.

VERA: *Sos.* Tá sé chomh maith agat tús a chur leis an tae. Tá mise ag dul síos chuig an abhainn. Ná labhair leis.

Tosaíonn AIMÉE *ag beiriú uisce agus ag caitheamh neantóg isteach sa bpota.*

AIMÉE: Beidh sé deacair é a sheachaint.

VERA: Ná breathnaigh air.

AIMÉE: Ócé!

VERA: Ná bhreathnaigh ar a aghaidh. Ar a bhéal. Ar a shrón. Ná ar a shúile. Go háirithe ar a shúile. Má bhreathnaíonn tú ar a shúile, éireoidh tú cairdiúil leis. Tosóidh sibh ag caint faoin aimsir.

AIMÉE: Faoin aimsir?

VERA: Nach in an t-ábhar cainte a bhíonn ag chuile fhear a chastar leat? Cé chomh te is atá sé, nó cé chomh tais is atá sé?

AIMÉE: Nó cé chomh fuar is atá sé. Cá mhéad céim faoi reoite is atá sé. Is cuimhneach liom anois. Ansin fiafraíonn sé díot cárb as tú.

VERA: Agus deir tusa?

AIMÉE: Deirim: tá cónaí orm san áit álainn seo. Sa bpluais is áille ar domhan. Pluais do bheirt. Tá sí *bijou*, ach cé a dteastódh teach mór uaithi na laethanta seo? Níl ach seomra amháin inti ach tá gach áis sa seomra céanna. Thíos uainn tá uisce – *en suite*, d'fhéadfá a rá. Lasmuigh, os ár gcomhair amach, tá *patio*. *Bijou* arís, ach cé a dteastódh garraí mór uaithi na laethanta seo? Ansin fiafraíonn sé díot ar mhaith leat cupán *cappuccino* agus siúlann an bheirt agaibh síos chuig an gcaife is áille ar domhan agus stánann sé isteach id shúile.

VERA: Agus ólann tú an *cappuccino*.

AIMÉE: Ná déan dearmad ar an *croissant*. Itheann tú an *croissant* is blasta dár bhlais tú riamh.

VERA: Ná bí ag breathnú air agus mé imithe.

AIMÉE: Ócé! Ócé!

Amach le VERA.

AIMÉE: Agus go minic bíonn carr aige – carr a bhfuil peitreal ann. Agus téann sibh ar *spin* chuig an bhfarraige. Agus ag dul faoi na gréine cuireann sé a lámha thart ort is pógann sé thú. Baineann tú do chuid éadaigh díot agus ligeann tú tú féin anuas go deas réidh sa bhfarraige. Agus leanann sé thú. É lomnocht freisin. Agus tosaíonn sibh ag snámh siar is aniar, fad bhéal an chuain. Agus tá ciúnas ann. Gach rud ina chodladh. Na héisc, is na rónta, is na faoileáin. Agus tar éis tamaill titeann bhur gcodladh ar an mbeirt agaibh i gcúlsuíochán an chairr. Agus an dorchadas ag leá, dúisíonn tú. Is feiceann tú a chloigeann thíos uait ag ól díot. Agus racht pléisiúir ort, breathnaíonn tú amach an fhuinneog agus feiceann tú an ghrian ag éirí in airde as an bhfarraige agus ag caitheamh ghathanna an lae úir ar na tonnta, agus ar na faoileáin, is ar na héisc is ar na rónta is ar na créatúir bheaga a bhíonn ag gabháil buíochais as an solas úr seo. Breathnaíonn tú ar an liathróid órga – é seo an chéad uair duit í a fheiceáil agus ritheann sé leat –

céard faoi a mbíonn chuile dhuine ag caint? Níl inti ach liathróid órga ag éirí aníos as an bhfarraige, ar an gcaoi chéanna a bplabann sí anuas inti um thráthnóna, ach amháin go bhfuil sí ar an taobh eile tíre. Agus gabhann tú buíochas le do leannán as an gceacht tábhachtach seo a mhúineadh duit.

Rollann AIMÉE MAX *i leataobh*

RADHARC A CEATHAIR

Tráthnóna

Isteach le VERA, *í in ísle brí. Doirteann* AIMÉE *anraith isteach in dhá phorainséar is tugann ceann amháin díobh do* VERA. *Ólann* VERA *agus* AIMÉE *an t-anraith.*

AIMÉE: Meas tú céard as a dtáinig mo dhuine, i ndáiríre?

VERA: Nach cuma?

AIMÉE: Seans gur aimsigh sé an mhám?

VERA: Tharla sé cheana.

AIMÉE: Déarfainn gur oileánach é.

VERA: Cé nach ndéanann sé difríocht ar bith, céard a thug an smaoineamh sin duit? Rud éicint a dúirt sé, an ea?

AIMÉE: Díreach an chaoi ar bhreathnaigh sé orm. Mar a bheadh sé tar éis rud éicint áiféiseach a fheiceáil.

VERA: Agus nach raibh?

AIMÉE: Céard atá tú a choinneáil uaim?

VERA: Tada.

AIMÉE: Aithním an giúmar aisteach sin.

VERA: Is beag difear idir giúmar amháin agus giúmar eile.

AIMÉE: Céard faoi 'ceist amháin / freagra amháin', nó, níos measa fós, an ghualainn fhuar?

VERA: Lig dom mo scíth a ligean. Bhí lá fada againn. Lig dom suí anseo agus mo phorainséar anraith a ól.

AIMÉE: A ithe. Itear anraith. Bia atá ann seachas deoch.

VERA: Bhuel, lig dom é a ithe mar sin. *Sos.* Ní oireann an giúmar seo duit, ach oiread.

AIMÉE: Cén giúmar?

VERA: An giúmar 'd'fhreastail mise ar an gcoláiste oiliúna'.

AIMÉE: Bhuel, d'fhreastail.

VERA: Ní hionann oideachas is amhráin naíonra is táblaí a chur de ghlanmheabhair.

AIMÉE: Agus céard is oideachas ann?

VERA: A bheith in ann maireachtáil.

AIMÉE: Tá mé bréan den scibhinseáil.

VERA: A bheith in ann d'áit chónaithe a réiteach.

AIMÉE: Nach bhfuil dea-chaoi curtha agam ar an áit?

VERA: D'áit chónaithe a chosaint.

AIMÉE: Tá mé in ann í a chosaint. *Sos.* Níor chuir mé aithne ar oileánach riamh cheana.

VERA: Níl tú chun aithne a chur ar an gceann seo.

AIMÉE: Bíonn tú i gcónaí ag coinneáil rudaí uaim.

VERA: Bíonn rudaí ann atá chomh gránna sin nach féidir labhairt fúthu.

AIMÉE: Ná habair nach bhfuil muinín agat asam faoin am seo?

VERA: Níl mise dall.

AIMÉE: Braithim scaití nach bhfuil aithne agat orm in aon chor.

VERA: Seans nach bhfuil. Theith tusa ón Tuaisceart.

AIMÉE: Céard atá mícheart leis sin?

VERA: Tógadh mise sa Deisceart. Ar fheirm. Cailín cathrach tusa.

AIMÉE: Ní drochrud é sin.

VERA: Ní orainne an locht gur tógadh in áit amháin muid seachas in áit eile. Ní féidir éalú ón tógáil a fuair muid.

AIMÉE: Sea, ach an gá cloí leis an méid sin?

VERA: Gheall tusa go roinnfeá do chuid le Guy, nár gheall?

AIMÉE: Casann tú chuile rud le do dhearcadh suarach féin a chur chun tosaigh.

VERA: Is rud Críostúil é do chuid a roinnt leo siúd atá níos measa as ná tú féin.

AIMÉE: Is rud daonna é. Roinneann Guy a bhfuil aigesean linne. Agus is é mo charasa é.

VERA: Ó, ná luaigh an scabhaitéir sin arís.

AIMÉE: Tuige nach maith leat é?

VERA: Is breá liom é.

AIMÉE: Cén chaoi? Tá mé ag iarraidh é seo a chloisint.

VERA: Caithfimid uilig maireachtáil ar bhealach amháin nó ar bhealeach eile.

AIMÉE: Déanann sé a dhícheall.

VERA: Béarfar air lá éicint agus é ar a bhealach anseo.

AIMÉE: Ní fhéadfaí breith ar Guy.

VERA: Leanfar anseo é.

AIMÉE: Ná tosaigh air sin arís! *Sos.* Is rud daonna é do chuid a roinnt ar do chairde.

VERA: Is rud Críostúil é.

AIMÉE: Mar ní chreidimse sa raiméis sin.

VERA: A Aimée, tá meas agam ort de bharr a gcreideann tú ann.

AIMÉE: Ní minic a bhíonn an chosúlacht sin air.

VERA: Nílim ag iarraidh go gcreidfeadh gach éinne an rud céanna.

AIMÉE: *Sos.* Ní aontaím leis na nósanna s'agaibhse in aon chor. Leis na sacraimintí. Rudaí barbartha atá iontu siúd amach is amach.

VERA: Bhuel, an bhfuil a fhios agatsa céard a cheapaimse?

AIMÉE: Céard é féin?

VERA: Ceapaimse go bhfuil an tslí a gcuireann sibhse bhur mairbh ar cheann de na nósanna is barbartha dá bhfuil ann.

AIMÉE: Níl sé pioc barbartha – dánta a léamh os a gcionn, óráidí a rá, is iad ag dul isteach sa talamh.

VERA: B'in an rud ba bharbartha a chuala mé riamh.

AIMÉE: Bhuel, is cuma sa tsioc liomsa céard a cheapann tusa. Níl aon Athair Uilechumhachtach ann, agus níor chóir go mbeadh seanleaids le féasóga orthu ag dul thart ag ligean orthu go bhfuil siadsan ag obair ar a shon. Mar níl iontu ach seanleaids le féasóga, bréagadóirí, is bréaga á scaipeadh ar fud an domhain acu. Beidh an bua ag an taobh nach gcreideann ina leithéid de raiméis, ar aon chaoi.

VERA: Go maithe Dia duit é, a Aimée. Ní bheadh ar chumas do thaoibhse seisiún óil a eagrú i bpub.

AIMÉE: Tú féin is do chreideamh. Agus do neamh! Tá mé cinnte de rud amháin – níl mise chun oíche eile a chaitheamh sa bpluais shuarach sin.

VERA: *Away* leat mar sin.

Tosaíonn AIMÉE *ag bailiú rudaí le chéile. Stadann sí.*

AIMÉE: Tá sé ag éirí dorcha.

VERA: Agus fuar.

AIMÉE: Rachaidh mé ar maidin. Go moch.

VERA: Beidh aistear fada romhat.

AIMÉE: Tá cleachtadh maith agamsa ar an siúl. Théinn ag siúl ar an Domhnach. Ba bhall de ghrúpa siúlóidithe mé.

VERA: Ní fhéadfainn aon bhia a spáráil do d'aistear. Bhuel, b'fhéidir roinnt luibheanna, cúpla cnó.

AIMÉE: Tú féin is do nósanna carntha bia. Gheobhaidh mise bia. Tá bia ag fás thart orainn – i ngach áit.

VERA: Tá, fíorbheagán, agus an-éileamh go deo air.

AIMÉE: Cé eile a bheadh ag ithe sméara beaga suaracha is cnónna crua?

VERA: Bheifeá in iomaíocht leis na madraí rua is leis na mic tíre.

AIMÉE: Mic tíre?

VERA: Bíonn an-ocras orthu an t-am seo bliana – an geimhreadh ag druidim ...

AIMÉE: Níor luaigh tú riamh go mbíonn mic tíre thart anseo.

VERA: Níor fhiafraigh tú díom.

AIMÉE: Cén áit a mbíonn siad?

VERA: Sna sléibhte sin thall. Ach tagann siad anuas a luaithe a fhaigheann siad boladh de chailín beag deas cosúil leatsa.

Feictear sceach ag bogadh. Isteach le GUY. *Leagann síos a mhála is casann rothalchleasa.*

GUY: Ná habair go bhfuil sibhse ag troid

AIMÉE: A Guy, bhain tú geit asam!

Pógann GUY *agus* AIMÉE *a chéile.*

GUY: Cheap mé go raibh mé tar éis mo dhroim a iompú ar an gcoimhlint is ar an argóint is ar an easpa muiníne. *(ag breathnú thart).* An bhfuil an dinnéar ullamh agat, a Vera?

Tugann GUY *póg do* VERA.

VERA: Dá mbeinn ag súil leat bheadh na naipcíní línéadaigh réitithe agam is an seaimpéin á fhuarú i mbuicéad airgid.

GUY: Ná bac le seaimpéin. Beidh babhla den anraith blasta sin agam.

VERA: Tá súil agam go raibh tú cúramach.

GUY: Tugann tú masla dom.

AIMÉE: A Guy, a stór! Cuir draíocht orm.

GUY: Ar ball, a Aimée, ar ball.

VERA: Cén chaoi a bhfuil cúrsaí sa gcathair?

GUY: Díreach mar a bhí – scuainí i ngach áit.

VERA: Scuainí aráin?

GUY: *(ag tarraingt uibheacha amach faoi bhun a mhuinchillí).* Agus scuainí bainne. Agus plúir. Tháinig uibheacha isteach ó na Gníomhaireachtaí Tarrthála. Trí ghrósa ubh. Agus maraíodh deichniúr sa bhfuascar.

Bronnann GUY *na huibheacha orthu.*

AIMÉE: Go raibh míle maith agat.

VERA: *Free range*?

AIMÉE: Ná lochtaigh a bhfaigheann tú saor in aisce. *Sos.* Caithfidh go bhfuil tú traochta, a Guy.

GUY: Ná bí ag caint. Ní thuigeann sibh cé chomh bog is a bhíonn cúrsaí agaibhse thuas anseo. Gan tada ag cur isteach oraibh.

AIMÉE: 'Bhfuil dearmad déanta agat ar rud éicint?

GUY: Céard é féin?

AIMÉE: Céard faoin arán? An builín aráin?

GUY: Éist liom, a stór – lá amháin chuaigh an ráfla thart go raibh siad ag tabhairt amach dorn siúcra san ionad tarrthála. Thosaigh an scuaine ag seanfhothrach na pictiúrlainne agus ba ghearr go raibh daoine chomh fada siar le Bóthar na Laochra. Lean uirthi mórthimpeall na páirce go raibh sí ar ais ag an bhfothrach arís. Ba dheacair a dhéanamh amach cé a bhí ag a bun nó ag a barr.

Tugann GUY *paicéad beag siúcra do* AIMÉE. *Blaiseann sí é amhail is dá mba ruainne beag cóicín a bhí ann.*

GUY: Thosaigh chuile dhuine ag troid. Tháinig na póilíní. Scaoil siad urchair. Bhásaigh scór duine. Tháinig an scuaine le chéile arís.

AIMÉE: Tá taithí ag muintir na cathrach ar scuainí.

Amach le GUY. *Isteach leis arís, tralaí, a bhfuil éadaí tráthnóna, claimhte, agus cónra air, á bhrú aige.*

AIMÉE: Bhíodh orm féin is ar Ghréagóir fanacht ar chuile rud – an t-am a mbíodh airgead againn. Agus ní raibh aon áit ina bhféadfadh na gasúir súgradh. An pháirc lán le daoine ina gcodladh. Bruscar i ngach áit. Coiscíní á gcaitheamh amach as na ciseáin ag lucht na déirce is iad ag iarraidh teacht ar rud éicint a d'fhéadfaidis a ithe, nó a dhíol ar bheagán.

GUY: Agus dheamhan maith atá i gcoiscíní atá úsáidte cheana féin.

Réitíonn VERA *an sceach/cloch/bealach isteach. Tugann* AIMÉE *porainséar anraith do* GUY.

VERA: *(ag breathnú ag an gcónra).* Ná habair go bhfuil tú ag iarraidh fáil réidh leat féin?

GUY: 'Magadh atá tú!

VERA: Bíonn daoine mar sin ann, iad i gcónaí gafa leis an mbás.

GUY: Agus ansin nuair a thagann an t-am, beirtear orthu agus iad ar saoire, nuair nach mbíonn a gcónraí lámh leo.

VERA: Cuireann sé bosca faoistine i gcuimhne dom.

AIMÉE: Is foirm mhór dholéite!

GUY: Is píosa troscáin é seo. É sách áisiúil, caithfidh mé a admháil. *Sos. (ag taispeáint na gclaimhte di).* Agus, tá na propaí agam freisin.

AIMÉE: *(ag útamáil leis na héadaí sa tralaí).* Do chleas úr?

GUY: Don gcleas is suntasaí – an ceann ina mbeidh mé in ann fáil réidh leis an ngruaim. Creid ionat féin agus beidh tú in ann aon cheo a dhéanamh. *Sos.* Ach tá cúntóir uaim.

Réitíonn GUY an chónra i gcúl an stáitse.

AIMÉE: Sea, ach …

GUY: Creidim ionam féin, anois. Creidim go mbeidh mé in ann é a dhéanamh, ach amháin má chuidíonn tusa liom.

VERA: *(ag breathnú ar na claimhte).* Tá tusa níos measa ná lucht na troda.

AIMÉE: *(ag tarraingt boa cleití thar a muineál).* Casann tú chuile rud. *Sos.* A Guy, ní raibh sé ar intinn agat triail a bhaint as anocht, an raibh?

GUY: A luaithe a bheidh tú réidh

AIMÉE: Lámhainní! *(á dtarraingt uirthi).*

GUY: Agus mé óg, chreid mé gur mise an t-oirfideach ab fhearr ar domhan. Cé nár aithin an domhan céanna é.

AIMÉE: Tá an domhan lán le daoine amaideacha.

VERA: Agus caithfidh mise breathnú orthu.

GUY: A Vera, a stór, nach tú atá críonna, nach tú atá cliste, nach tú a thabharfas aire don bheirt amadán seo.

VERA: Muis, a phlámásaí, ná bí ag ceapadh go bhfuil tú chun dallamullóg a chur ormsa.

GUY: Cuirfidh mé féin is Aimée draíocht ar an oíche. Imreoimid an cleas is fearr dá bhfacthas riamh anocht, tar éis an tsuipéir, ar ndóigh.

VERA: Tá mé ar bís le sibh a fheiceáil, ar bís.

AIMÉE: *(ag breith ar an ngúna).* Bhíodh gúna mar seo uaim. Cén chaoi a raibh a fhios agat? Cén áit a bhfuair tú é?

GUY: Ní chreidfeá an méid atá caite thart.

AIMÉE: Níl aon scéal agat faoi Ghréagóir?

GUY: Chuaigh mé thart ar na campaí uilig.

VERA: *(imní uirthi).* Déan dearmad ar an scrap beag sin.

AIMÉE: Agus ionaid na Croise Deirge?

GUY: Thart orthu siúd freisin.

Isteach le AIMÉE *sa gcónra.*

VERA: Bhí sé amaideach na fógraí sin a scaipeadh ar fud na cathrach.

AIMÉE: Aon scéal faoi Mona?

GUY: Bíonn seans ann i gcónaí. *Sos.* An bhfuil tú compordach istigh ansin?

AIMÉE: Is breá liom an sról.

GUY: An cuma leat má dhúnaim an doras?

AIMÉE: Is cuma.

Dúnann GUY *doras na cónra.*

GUY: Céard faoin gclástrafóibe?

AIMÉE: A Guy!

Osclaíonn GUY *an doras. Feictear go bhfuil builín aráin i nglac* AIMÉE.

AIMÉE: Tá mé i ngrá leat.

GUY: An féidir liom é a dhéanamh arís?

AIMÉE: Coinnigh ort.

Dúnann GUY *doras na cónra arís. Múchtar na soilse. Amach leo uilig.*

Briseadh

Gníomh a Dó

Radharc a hAon

Oíche

Ardaítear na soilse. Isteach le Aimée *agus le* Guy. *Tá gúna tráthnóna, lámhainní agus boa cleití á gcaitheamh ag* Aimée. *Tá hata ard, carbhatbhogha is crois lurex á gcaitheamh ag* Guy *mar aon lena ghnáthéadaí. Casann an bheirt acu rothalchleasa is imríonn liathróidí. Tá an chónra ar sheastán i gcúl an stáitse agus* Max *faoina phluid.*

Guy: Ar thráthnóna mar seo d'fhéadfainn a bheith sona.

Aimée: Céard a dhéanfadh sona thú?

Guy: Nach bhfuil sé sin soiléir? *Sos. (ag breathnú i dtreo na cónra).* An bhfuil tú cinnte faoi seo, a Aimée?

Aimée: Nach bhfuil muid tar éis an tráthnóna uilig a chaitheamh á chleachtadh? Tá mé ar bís lena dhéanamh. *Sos.* A Guy, ná habair go bhfuil faitíos ort?

Guy: Tá faitíos orm go ngortóinn thú.

Ligeann Max *osna uaidh.*

Aimée: Ní ghortófása cuileog.

Guy: Bíonn an freagra ceart agat i gcónaí.

Aimée: Agus agatsa. Nach in an fáth a bhfuil mé ceanúil ort?

Guy: An fáth go dtrustann tú mé?

Aimée: Sea.

Guy: *Jez,* tá an chaint seo uilig ag cur ocras orm.

Aimée: Beidh *party* againn ar ball.

Ligeann Max *osna eile uaidh.*

Guy: Céard é sin?

Aimée: Ainmhí éicint.

Guy: Cén saghas ainmhí?

AIMÉE: Rud éicint mór agus fiáin. Níl tú sa gcathair anois.

Ligeann MAX *osna eile uaidh.*

GUY: Ní ainmhí é sin. Fear atá ann.

AIMÉE: Ó, mo dhuine.

GUY: Cén duine?

AIMÉE: Saighdiúir éicint a chaill a bhealach.

GUY: Tuige a bhfuil pluid thart air? *(ag tarraingt siar na pluide).*

Tosaíonn MAX *ag gáire.*

GUY: Cé hé féin? Tuige na téada? Ní príosúnach é?

MAX: *(ag déanamh aithrise ar* GUY*).* 'Ní príosúnach é'!

GUY: Cá as a dtáinig sé?

AIMÉE: Níl cliú agam. Bhuel, tá, mar a tharlaíonn. Braithim féin gur rugadh is gur tógadh ar oileán é.

GUY: Tá sé i bhfad ó bhaile. Ní haon ionadh gur cailleadh sna sléibhte é. Ach tuige na téada?

MAX: Déanann sí mar a deirtear léi. Is í an tseanchailleach a dhéanann na cinntí uilig.

GUY: Agus rug sibh air – díreach mar sin? A Aimée, ní féidir breith ar dhaoine – ní féidir iad a chur faoi ghlas gan iad a chúiseamh, gan triail ar bith.

AIMÉE: Ní gá triail a thairiscint dá leithéid.

GUY: Tá sibh chun é a scaoileadh saor, nach bhfuil?

AIMÉE: Ná bí ag cur ceiste nuair is eol duit nach maith leat an freagra a gheobhaidh tú.

GUY: A Aimée, ná habair …

AIMÉE: Bheifeá níos fearr as gan an freagra a bheith agat. *Sos.* Má bheirtear ort, má cheistítear thú, faoi bhrú, ní bheidh tada ar eolas agat.

MAX: Is tú an t-aon duine a thrustaim. Dhéanfainn aon rud ar do shon, a Guy, a stór!

AIMÉE: Dún do chlab, thusa.

MAX: A Guy, ar chuala tú é sin? Ar chuala tú céard a dúirt an tsióg bheag? An bhfuil tú ceanúil uirthi anois? An féidir leat a bheith ceanúil ar aon bhean seachas ar do mháthair?

GUY: Is féidir.

MAX: Nó arbh fhearr leat buachaillí? Saighdiúirí cosúil liomsa?

GUY: Dún do chlab nó dúnfaidh mise duit é.

MAX: Ó dún! Dún, a stór! Dún mo chlab le póg. Póg bhreá thais.

Isteach le VERA.

VERA: Hé, hé! Coinnígí srian oraibh féin. Nach féidir sibh a fhágáil ar feadh nóiméid? *Sos.* Níl ach ceist amháin le freagairt anois – an mall nó sciobtha a thiocfas deireadh leis?

AIMÉE: Fulaingt fhada atá i ndán dó. Nach bhfuil a leithéid tuillte aige?

VERA: Ní muide a bheidh ciontach as má éiríonn sé lag ...

AIMÉE: Má éiríonn sé fuar ...

GUY: Má thagann tart air ... céard atá á rá agam? *Sos.* Fan nóiméad – cén taobh ar a bhfuil sé?

MAX: Arsa an tsióg mhór leis an tsióg bheag.

VERA: Nach cuma?

GUY: Ní cuma liomsa. B'fhéidir gur cuma libhse, ach ba mhaith liomsa fhios a bheith agam.

VERA: Tuige? Cén mhaith a dhéanfadh sé duit?

GUY: Dheamhan mhaith, is dócha, ach amháin go bhfuil mé fiosrach. Ar ionsaigh sé sibh?

MAX: Rinne mé botún. Níor chloígh mé leis an riail troda is bunúsaí: scaoil leis na mná i dtosach.

VERA: Ghoid tú uainn.

MAX: D'fhéadfainn sibh a mharú.

AIMÉE: Ní fhéadfása bob a bhualadh orainne.

GUY: Ní bhaineann sé le Lucht an Iarthair, an mbaineann?

AIMÉE: Go hiondúil bíonn muid in ann an taobh a dhéanamh amach ó dhath na gcótaí. Gorm nó glas nó dubh nó liath.

GUY: Go hiondúil?

AIMÉE: Nó caicí. *Sos.* Ní bhíonn éide ar bith orthu scaití.

GUY: Cén chaoi?

AIMÉE: Go minic baineann siad na héadaí díobh féin nuair a thuigeann siad go bhfuil an lámh in uachtar ag an taobh eile.

GUY: Go minic? Hé, tusa, cén taobh ar a raibh tú ag troid?

MAX: Roghnaigh taobh.

GUY: Freagair an cheist. Caithfidh sé go raibh tú ag troid ar thaobh amháin nó ar thaobh eile. Ar son cúise éicint, cibé cúis ar chreid tú inti?

VERA: Fág cúrsaí mar atá.

MAX: *(go híorónta).* Tá sibh chun é a scaoileadh saor, nach bhfuil?

GUY: An bhfuil tú chun an rúndiamhair a roinnt linn, a Vera?

VERA: Níl mé chun an rúndiamhair sin, ná aon rúndiamhair eile, a roinnt le ceachtar agaibh.

MAX: Is mar an gcéanna, muide, a Vera, tusa agus mise.

AIMÉE: Ag rámhaille atá sé?

MAX: Is maith liom do ghúna, a Aimée, caiththfidh sé gur féidir rudaí a cheannach gan airgead.

AIMÉE: Dódh na siopaí. Ní féidir aon cheo a cheannach.

MAX: Cá as a dtagann na bronntanais?

AIMÉE: Is bronntanais iad.

MAX: Cá as a dtagann siad?

AIMÉE: Níor chóir an rud a fhaigheann tú in aisce a lochtú.

MAX: Ní fhaightear tada in aisce.

AIMÉE: Tá gach rud ag éirí casta arís. A Vera, tabhair cúnamh dom – inis dúinn faoi mo dhuine. Tuige a bhfuil gráin agat air?

VERA: Nach bhfuil gráin agam orthu uilig?

AIMÉE: Is fuath liom an caicí sin. Caicí na gcoilíneach! Bíonn a leithéid á chaitheamh ag go leor acu na laethanta seo – le mearbhall a chur orainn.

GUY: Cibé nóisean a bhí agaibh go raibh sé ag troid ar son na cúise – is cuma cén chúis – faigh réidh leis.

MAX: Is cliste an tsióg thú.

AIMÉE: Inis dom céard atá i gceist agaibh.

GUY: Nach bhfuil sé soiléir? Tá sé dochreidte. Ar ndóigh chuala mé go raibh a leithéid de shaighdiúir ann.

AIMÉE: A Guy, scaoil amach é.

GUY: Is seirseanach é.

AIMÉE: Seirseanach – *no way*!

GUY: Ní fiú tada é.

AIMÉE: *Sos.* Agus bhí mise ag pléadáil ar a shon.

GUY: Ball de Bhriogáid Mé Féin é.

VERA: An dream a dteastaíonn uathu daoine a mharú go dleathach.

AIMÉE: Go dleathach?

VERA: Abair amach é, thusa.

MAX: Bhí a lán coirpeach ag troid san arm – fir a mharaigh daoine cheana féin. San am nach raibh sé dleathach éinne a mharú.

GUY: San am nach raibh éinne ag troid ar son aon chúise.

VERA: Níos measa ná sin – ná déan dearmad ar an aidréanailín a thagann chucu agus an bheatha á baint acu as duine eile.

MAX: Bheadh a fhios agatsa faoi sin.

VERA: Nach in a choinníonn ag imeacht thú?

MAX: Céard a cheapann sibh a bhíonn ar siúl ag mo dhuine? Ar son bronntanais?

VERA: Ná bíodh gíog eile asat.

Bagraíonn VERA *an tua ar* MAX.

VERA: Coinnigh thusa súil air, A Guy. A Aimée, tá sé in am dúinn an tae a ullmhú.

Isteach sa bpluais le VERA *agus* AIMÉE. *Sánn* MAX *a theanga amach i dtreo* GUY.

MAX: Gabh i leith!

Breathnaíonn GUY *ar* MAX *le samhnas.*

MAX: Gabh i leith, a shiógín!

Oíche

Anonn le GUY *chuig* MAX.

GUY: Dún suas do chlab.

MAX: Arsa an fear is séimhe ar domhan. *Sos.* Is maith an t-aisteoir thú.

GUY: Cén chaoi?

MAX: Na cleasa a bhí á n-imirt agat – ag ligean ort go raibh tú féin agus na bitseacha sin ag obair as lámha a chéile.

GUY: Cé na bitseacha?

MAX: An bheirt sin istigh. Tá a fhios agat – an ógbhean fhiáin, is an tseanchailleach ghránna.

GUY: Agus mise ag ceapadh go mb'fhéidir go mbeadh trua agam duit, ach más mar sin a labhrann tú faoi mo chompánaigh ...

MAX: Bhí tú i ndáiríre! *Jez*! Cén saghas duine thú – an bhfuil compánaigh mar sin agat?

GUY: Gnáthfhear mise, a bhíonn ag streachailt liom. Cén saghas compánach a bhíonn agat féin – dúnmharfóirí, éignitheoirí, íditheoirí gasúr?

MAX: Níos mó ná sin – nach bhfuil sibhse agam anois? Ní fhéadfainn triúr níos deise a aimsiú dá siúlfainn an domhan mór.

GUY: An raibh sé fíor – an méid a dúirt Vera faoin aidréanailín?

MAX: Tóg go bog é, a fhir nach ngortódh cuileog.

GUY: Ba mhaith liom Vera a chreidiúint, ach bíonn an méid a deireann sí dochreidte scaití.

MAX: Bain an phluid de mo chosa, impím ort. Tá mé róthe. Ar a laghad, déan é sin dom. Tá a fhios agam go bhfuil trua agat dom.

Baineann GUY *an phluid de* MAX. *Cuireann* MAX *a lámha thar mhuineál* GUY *agus leagann é.*

MAX: Éirigh id sheasamh.

GUY: Ní féidir liom.

MAX: Éirigh id sheasamh. Mura bhfuil tú ag iarraidh éinne a ghortú, éirigh, a deirim.

Le dua seasann an bheirt.

MAX: Anois, scaoil saor mé.

Beireann MAX *ar* GUY.

MAX: Déan é.

GUY: Ócé, ócé.

MAX: Breathnaigh an siosúr sin thall.

Anall leis an mbeirt acu chuig an siosúr. Beireann GUY *air. Tugann sé sonc do* MAX. *Titeann* MAX. *Éiríonn le* GUY *éalú óna ghreim.*

GUY: Ná maslaigh mo chompánaigh.

MAX: Ááá ... níor chreid mé go raibh sé ionat.

GUY: Bhí. Agus tá.

MAX: Níor thuig mé go raibh gaol gairid eadraibh.

GUY: Tá tú níos amaidí ná mar a cheap mé.

MAX: Anois a thuigeann tú an t-aidréanailín. *Sos.* Lig dom imeacht. Níor imir mé éagóir ort. Níl mé ag cur isteach ná amach ort. Níl sé fíor. Ba san airgead amháin a chuir mé suim. Bhí mé ag troid ar son mo chúise féin.

GUY: Bhí mé ag smaoineamh go scaoilfinn saor thú.

MAX: Ná habair go n-aontaíonn tú leo?

GUY: Ní aontaím leo.

MAX: An ndearna tú aon rud riamh as do stuaim féin? Ná bac le freagra. Cén chaoi a bhféadfadh éinne, a chaitheann éadaí mar sin, aon cheo réasúnta a dhéanamh? *C'mon,* ní dhearna mé tada ort, impím ort – duine ionraic mise.

GUY: Thabharfainn go leor rudaí ort, ach ní bheadh 'ionraic' ar an liosta.

MAX: Go teach an diabhail leat!

GUY: Maslach, drochbhéasach – sin iad na focail a oireann duit.

MAX: É sin an méid?

GUY: D'fhéadfainn smaoineamh ar cheann nó dhó eile – santachán, bulaí.

MAX: Céard is smaoineamh ann? Ní bhacaimse lena leithéid. Ní cheapaimse tada. Fear aicsin mise.

GUY: Gnáthfhear mise atá ag iarraidh maireachtáil.

MAX: An saghas saoil atá agat – ní thabharfainn maireachtáil air.

GUY: Nach bhfuil mé beo?

MAX: Beo is *frig*eáilte. *Sos.* Is léir cén chaoi a bhfaigheann tú na bronntannais – íocaíocht as an ngnó is ársa ar domhan. A bhuachaill cíosa! *Sos.* Atá beo mar go mbíonn tú á láimhseáil chuile oíche. Idir ramhar is tanaí. Idir óg is aosta. Idir cham is díreach.

GUY: *Sos.* Ní bhím ag smaoineamh orthu.

MAX: Ag dul siar is aniar air. An boladh atá uathu. An cumhrán. An t-allas. An cac. An chaoi a bhfuil ort do lámh a leagan ar a gcoirp lofa. Na holagóin bheaga a scaoileann siad is iad á dtabhairt chun sásaimh.

GUY: Tá mé beo mar go mbím in ann dearmad a dhéanamh orthu.

MAX: Tú féin is do smaointe. Do phleananna. (*ag breathnú i dtreo na cónra*). Ní fhéadfá an cleas sin a imirt dá mbeadh do bheatha ag brath air. Bheifeá róneirbhíseach, ligfeá don gclaíomh sleamhnú. Mharófá an siógín agus is maith is eol duit é.

GUY: Bíonn buachaillí cosúil leatsa i ngach rang. Buachaillí a bhíonn ag magadh faoi na leaids eile, ag bagairt orthu, ag stróiceadh a bhféinmhuiníne as a chéile.

MAX: Thabharfainn aire sa rang. Bhí mé go maith ag an tíreolaíocht is ag an stair. Níor chaill mé lá tinrimh riamh.

GUY: Chreidfinn é sin.

MAX: Theastaigh uaimse dul isteach sa státseirbhís. A bheith im chuntasóir ach theip orm sa scrúdú. Sna mataí.

GUY: Níor thaitin na mataí liomsa ach oiread.

MAX: B'in a bhí mé a cheapadh.

GUY: Tóg Aimée, mar shampla – is *wiz* ise ag na suimeanna. Ar thug tú dúshlán fós di?

MAX: Níor thug.

GUY: Fan go bhfille sí. Cuir ceist uirthi ansin – abair má tá cúig chéad piléar ag gach saighdiúir agus trí ghránáid, agus má tá cúig chéad saighdiúir ann, agus má théann seasca a sé is dhá thrian fán gcéad de na piléir ar strae, agus más féidir triúr a mharú – ar an meán – le gach gránáid agus naonúr le gach piléar, agus má ghlanann gach buama nócha a naoi duine amach, agus má thiteann naoi mbuama dhéag as gach eitleán, agus má tá trí scór eitleán ann, cá mhéad duine a thiocfadh slán as milliún?

Isteach le AIMÉE, *luibheanna ar iompar aici.*

AIMÉE: Ocht gcéad daichead is a hocht míle, naoi gcéad seachtó is a ceathair.

GUY: Bhí mo dhuine anseo ag iarraidh a bheith ina chuntasóir.

AIMÉE: Ní dóigh liom go mbeadh seisean níos fearr ag cúbláil figiúirí ná mar atá ar pháirc an áir.

MAX: Níl a fhios agam cén áit a bhfuair sibh bhur bhfigiúirí. Níor scaoil mise ach fíorbheagán piléar. *Sharpshooter* mise. Tá mé in ann targaid shoghluaiste a sciathánadh ar thríocha méadar.

GUY: Ar chuala tú é sin?

AIMÉE: Chuala.

GUY: Agus bhí sé ag impí orm é a scaoileadh saor.

MAX: Tá mé ag impí ort, led thoil.

GUY: Bí ag brionglóidigh leat.

MAX: Cuir draíocht orm. Lig ort gur coinín bán mé, agus tarraing amach as do hata mé. Nó d'fhéadfainn a bheith im cholúr agus eitilt liom go harda na spéire.

Isteach le VERA.

VERA: Ná habair go raibh sé ag iarraidh trócaire. Arís!

AIMÉE: Céard a bheas againn don tae?

VERA: Ócáid speisialta í seo, beidh anraith speisialta againn.

Tosaíonn AIMÉE *ag réiteach an anraith.*

AIMÉE: Anraith neantóige arís.

MAX: Is breá liom é. Is é mo rogha anraith é.

GUY: An phurgóid is fearr leis an bputóg mhór a ghlanadh amach.

VERA: Ná habair gur tháinig buinneach ort an uair dheiridh. Má tháinig ...

GUY: Tháinig. Agus tá mé thar a bheith buíoch díot, a Vera. Bhí mé ag rith chuig an leithreas ar feadh trí lá.

VERA: Cuir luibh nó dhó bhreise isteach ann, a Aimée.

Tosaíonn AIMÉE *ag líonadh an phota le luibheanna.*

MAX: Cuir, a stór!

AIMÉE: Blúirín buafhíona don ae.

GUY: Le go mbeidh mé in ann an deoch a sheasamh.

AIMÉE: Agus meacan aillinn mar chosc ar an gcasachtach, ar an mbroincíteas agus ar an bplúchadh.

GUY: Sin an-smaoineamh.

AIMÉE: An sceach gheal don gcroí – lena choinneáil láidir agus cróga.

GUY: Fan nóiméad, a Aimée.

AIMÉE: An tÓr Muire don ngoile le go mbeidh tú in ann gach masla a dhíleá.

GUY: An amhlaidh go gceapann tú go bhfuilim ag iarraidh fanacht beo?

VERA: Mura bhfuil cén fáth nach seasann tú amuigh i bpríomhshráid na cathrach agus iarraidh ar na snípéirí tú a chríochnú?

AIMÉE: A Vera, is cuairteoir é. Bí dea-mhúinte leis.

VERA: Níl tú ag cur im leith go bhfuil mé drochmhúinte?

MAX: Ba bhreá liom castáil leat agus drochghiúmar ort.

VERA: Agus beidh fáiltiú againn tar éis an tseó. Ceann beag, le huibheacha.

AIMÉE: Iad maisithe le siúcra.

GUY: Tá mé in ann é a dhéanamh.

AIMÉE: Ba bheag nach ndearna mé dearmad ar na mónóga a choinneoidh ón leithreas istoíche thú.

MAX: Bí flaithiúil leo siúd!

GUY: Fad is atá mé beo tá sé chomh maith agam roinnt drithlíní a bhrath. Ní bhíonn mórán foinsí pléisiúir le fáil na laethanta seo.

MAX: Déarfainn é.

GUY: Ní hé go bhfuil mé *desperate*, ná tada, ach oiread.

AIMÉE: Cén chaoi a mbeifeá *desperate*?

GUY: A Aimée, a stór, níl a fhios agam faoi seo. Seans nach mbeadh mo chorp in ann é a sheasamh.

AIMÉE: Nóiméad amháin tá tú ag iarraidh luibheanna, an chéad nóiméad eile tá tú ag iarraidh bás a fháil.

GUY: Ní hin a bhí i gceist agam in aon chor.

AIMÉE: Ní thugann an bheirt agaibhse aird ar bith ar a mbíonn le rá agamsa. Is rud amháin é an chaoi a gcaitheann Vera liom, ach ní raibh mé ag súil lena leithéid uaitse, a Guy, tar éis an méid a dúirt muid.

GUY: An gcreideann tú sa méid sin?

AIMÉE: Caithfidh mé creidiúint ann.

GUY: An féidir creidiúint in aon cheo na laethanta seo?

AIMÉE: Caithfidh tú creidiúint ionat féin.

GUY: Is cairde sinn?

AIMÉE: Seans! Ghortaigh tú mé, nár ghorthaigh?

MAX: Níor ghortaigh sé thú, fós.

AIMÉE: Ná bí ag ceapadh go bhful Vera ceanúil ort. An bhfuil a fhios agat céard a dúirt sí fút?

VERA: Dún do chlab, thusa.

MAX: Nach bhfuil sé thar am agat léimt isteach sa gcónra?

AIMÉE: Thug sí liúdramán ort.

GUY: É sin an méid?

AIMÉE: An L-fhocal?

GUY: Ní raibh sé sin ródheas.

AIMÉE: Agus níos measa fós – thug sí an P-fhocal ort.

GUY: Ar thug anois?

MAX: Níos fearr ná páirc an áir!

AIMÉE: Thug.

MAX: Piteog!

VERA: A Aimée, mura bhfuil tú chun an clab sin a choinneáil druidte ...

AIMÉE: Dúirt sí nach bhféadfá cleas a imirt dá mbeadh beatha do mháthar ag brath air.

GUY: Seans go bhfuil an ceart aici.

AIMÉE: Tá sí tar éis do mháthair a mhaslú. An bhfuil tú chun ligean di fáil *away* leis?

GUY: Ní fhéadfainn é a dhéanamh gan chúnamh.

AIMÉE: Bhuel, tá cúnamh á thairiscint agam.

Isteach le AIMÉE *sa gcónra.*

VERA: Tá sibh níos amaidí ná mar a bhí mé ag ceapadh.

AIMÉE: Bíonn tú i gcónaí ag iarraidh chuile rud a scriosadh.

MAX: Céard a choinníonn ag imeacht thú, a Guy, a stór?

De réir a chéile íslítear na soilse go dtí go mbíonn spotsholas amháin ar an gcónra agus ceann eile ar GUY.

GUY: Ní bhím ag smaoineamh orthu.

AIMÉE: Dún an doras, a Guy.

MAX: Ar an asanálú, ar an stioc lachtmhar a scaoileann siad?

VERA: Níl sibh i ndáiríre?

GUY: Ní bhím ag smaoineamh orthu. Ach seans go mbeidh. Amach anseo. *Sos.* An bhfuil tú ceart go leor istigh ansin, a stór?

AIMÉE: Tá, a stór, tá mé réidh.

VERA: Ná dún an doras.

Dúnann GUY *doras na cónra agus ardaíonn an claíomh.*

VERA: A Aimée! A Aimée, a stór!

MAX: Coinnigh ort, a mhac!

GUY: A Aimée!

VERA: Ag magadh a bhí mé. Ná déan é, a Guy, impím ort. Ní thabharfaidh mé amach arís duit, a Aimée, go deo na ndeor. Aontóidh mé le chuile fhocal a thiocfas amach as do bhéal. A Thiarna Dia, breathnaigh anuas ar Aimée. Tabhair treoir do Guy. Ní dhéanfaidh mé aon cheo áiféiseach arís má scaoileann tú amach í, beo beathaíoch. Geallaim duit, a Athair Uilechumhachtaigh. Déan trócaire orainn agus maith dúinn ár bpeacaí. Anois agus ar uair ár mbáis. Áiméan.

Sánn GUY *an claíomh isteach sa gcónra.*

MAX: Muna bhfaigheann sí bás den gclaíomh, gheobhaidh sí bás den gclástrafóibe.

Coinníonn GUY *air leis an dara claíomh, ainneoin* MAX *agus* VERA.

Ciúnas. De réir a chéile ardaítear na soilse. Osclaíonn GUY *an doras. Gach éinne ar bís. Fanann* AIMÉE *ciúin ar feadh nóiméid, ansin léimeann sí amach. Beireann* VERA *barróg uirthi. Bualadh bos ó gach éinne.*

RADHARC A TRÍ

Oíche

Solas gealaí agus solas ó laindéar. Atmaisféar party. VERA, AIMÉE *agus* GUY *ag gáire. Le linn an radhairc roinntear úlla, uibheacha agus anraith. Úsáidtear an siosúr chun na barra a bhaint de na huibheacha.*

AIMÉE: *(ag ardú a porainséir).* Do Guy, an draíodóir is cumasaí ar domhan. An gcreideann tú ionat féin anois?

GUY: Tógfaidh sé tamall orm cinneadh a dhéanamh.

AIMÉE: Mar creideann muide ionat, nach gcreideann? Chuala mé thú, a Vera. Bhí tú ag guí chuig an seanleaid sin arís. Ar chuala tú í?

GUY: Chuala. Cé nach raibh mé ag iarraidh í a chloisint.

VERA: Nach in a thug an misneach duit?

MAX: Tá ocras orm.

GUY: Gheobhaidh tú ruainne beag, ná bíodh imní ort.

AIMÉE: A Vera, ar mhiste leat má roinnim é seo leis?

VERA: Nach cuma céard a déarfaidh mé – beidh mé spréachta ag an mbeirt agaibh go dtí go ngéillim.

AIMÉE: Agus deoichín.

Baintear an phluid de MAX *agus cuirtear ina shuí é sa chaoi go bhfuil sé in ann greim a ithe agus a ól.*

MAX: *(Ag ól).* Tá sé searbh ... mo mhíle buíochas.

GUY: *(le* MAX*).* Deir tú go bhfuil tú buíoch.

MAX: Céard eile is féidir liom a rá?

GUY: Céard faoi rud éicint a thairiscint don b*party*?

MAX: Níl tada agam le bronnadh oraibh.

GUY: Seachas do chiall is d'inchinn.

MAX: Céard is féidir liom a dhéanamh daoibh?

GUY: Ag caint ar phléisiúr ...

MAX: Anois, a mhac!

AIMÉE: *(le* MAX*)*. Níl scéal agat, an bhfuil?

MAX: Tá na mílte scéal agam.

VERA: Nach bhfuil go leor ar eolas againn fút?

MAX: Déarfainn féin nach bhfuil tada ar eolas ag éinne agaibh faoi mhaireachtáil sa bhfásach, nó sna trinsí, faoin salachar, faoi na francaigh.

VERA: Is cuma sa tsioc liomsa céard a inseann tú dúinn, ní bheidh sé ina mhargadh agat. Níl sé ar intinn agamsa ligean duit filleadh ar an gcathair – deis a thabhairt duit inseacht do chuile dhuine beo faoin áit a bhfuilimid.

MAX: Níl cliú agam cén áit a bhfuil mé. Cuir dallamullóg orm agus scaoil saor ag bun an tsléibhe mé. Tá na sléibhte uilig mar an gcéanna. Tú féin a dúirt é.

GUY: Chuala tú é. Níl cliú aige cá bhfuil sé.

VERA: Chuala mé an port sin cheana. Nach cuimhneach leat, a Aimée?

AIMÉE: Is cuimhneach ach ba bhreá liom scéal úr a chloisint.

VERA: Níl a leithéid de rud ann is scéal úr.

GUY: Tá an ceart agat, a Vera – tá na scéalta uilig cloiste againn cheana féin. Scéal an éid. Scéal na gránach. Scéal an ghrá. Cibé rud a déarfaidh sé, cibé rud a dhéanfaidh sé, beidh sé go léir ráite agus cloiste againn cheana.

AIMÉE: Ach seans go bhfuil *spin* úr aige ar sheanscéal. Dála an scéil, cén t-ainm atá ort?

MAX: Max is ainm dom.

GUY: Max, nach aisteach an t-ainm é sin!

VERA: Ainm aisteach, oileánach aisteach!

GUY: An fíor a deir Aimée? An bhfuil *spin* úr agat ar aon scéal – ar staid an chine dhaonna, cuir i gcás?

MAX: Cén chaoi a mbeadh *spin* úr agamsa ar chúrsaí?

GUY: An mbíonn tú ag breathnú ar a bhfuil thart ort?

MAX: Bím.

GUY: Inis dúinn go baileach céard atá feicthe agat.

MAX: Tá sibhse feicthe agam – triúr as ifreann.

VERA: Bheadh triúr nó ceathrar nó cúigear le feiceáil agat, ba chuma cén áit a mbeadh do thriall. Agus ní muide is measa.

AIMÉE: Tá an ceart ag Vera.

MAX: Arsa an phearóid bheag.

GUY: Nach bhfuilimid ag tabhairt bia duit, is deoch.

AIMÉE: Gan trácht ar lóistín?

GUY: Iad uilig saor in aisce?

MAX: Inseoidh mé daoibh faoin gcaoi a mbíodh cúrsaí ar na hoileáin, fadó.

AIMÉE: Meas tú an mbeadh sé sin suimiúil?

GUY: Braitheann sé.

VERA: Ní bheadh aon cheo ar eolas aige faoi chúrsaí feirmeoireachta ná iascaireachta nach bhfuil inste agam cheana daoibh.

MAX: Ní fhéadfása dea-chur síos a dhéanamh ar aon cheo, is tú ag breathnú ar chúrsaí trí na súile mallaithe sin.

VERA: Cé a luaigh dea-chur síos? Níor luaigh éinne againn an focal 'dea', ar luaigh?

AIMÉE: Níor luaigh. Drochscéalta is mó a bhíonn á bplé againne.

GUY: Ní minic a thagann gathán beag gréine isteach inár saol.

AIMÉE: Thabharfadh sé dóchas dúinn is céard is fiú dóchas?

GUY: Aon uair a bhí dóchas agam, bhí mé trí chéile. Ag súil leis an am a bhí le teacht. Ag déanamh pleananna. Ag súil go dtabharfaidh duine éicint jab dom. Á phlámás. Ag impí air. Ag gealladh dó go ndéanfainn aon cheo a bhí uaidh le go bhféadfainn na táibléid a bhí ó mo mháthair a cheannach di. Ag dul isteach chuige lá i ndiaidh lae. Agus ansin castáil le bastard éicint sa mbeár, é ag maíomh go bhfuair seisean an jab.

AIMÉE: Nó ag streachailt liom sa scoil. Ag tabhairt ceachtanna breise do mo dhaltaí. Ag ceannach leabhar dóibh as mo phá suarach féin le go mbeadh siad in ann dul ar aghaidh chuig an gcéad scoil eile agus aisti sin chuig an gColáiste. Ag creidiúint go raibh mé ag déanamh rud éicint fiúntach. Ansin, lá breá brothallach pléascann buama sa scoil.

VERA: Ag streachailt liom sna goirt. Ag cur síolta. Is dóchas agam. Amach liom i rith na hoíche in am an triomaigh len iad a uisciú. Ag gearradh díog le fáil réidh leis an mbreis uisce sna laethanta fliucha. Ansin beartaíonn údarás éicint motarbhealach a ghearradh trí mo ghortsa.

MAX: Inseoidh mise drochscéal daoibh – ar choinníoll amháin.

AIMÉE: Níl le déanamh agat ach suí siar ansin is do scíth a ligean. Níl ort rogha a dhéanamh faoi thada.

MAX: Tá rogha déanta agam. Tá mé ag iarraidh filleadh ar mo mhuintir, ar mo bhaile.

AIMÉE: Níl do bhaile ann.

MAX: Tá a fhios agam, ach tá mé ag iarraidh filleadh ar áit éicint gar do mo bhaile.

AIMÉE: Tá tú in áit éicint gar do do bhaile. Níl an chomharsanacht seo ródhona. D'fhéadfadh sé a bheith níos slachtmhaire, is dócha, ach déanann sé cúis. Glac leis.

MAX: Inseoidh mé drochscéal daoibh má ligeann sibh dom imeacht.

VERA: An bhfuil drochscéal agatsa?

MAX: Níl agamsa ach drochscéalta.

GUY: An gceapann tusa go raibh saol níos measa agatsa ná mar a bhí ag éinne eile againn?

MAX: Tá a fhios agam go raibh.

VERA: A Leaids! A Leaids! Má deir mo dhuine go bhfuil, nó go raibh, an saol is measa riamh aige, cé muide le bheith ag argóint leis?

GUY: Níl tú ag iarraidh dul i ngleic leis, a Vera – an é do lá breithe é?

VERA: Ní bheadh a fhios agam an é nó nach é.

AIMÉE: Is cuimhneach liomsa mo lá breithe. Mo mháthair ag rith thart ag screadaíl, í ag iarraidh císte a bhácáil.

GUY: Lá amháin phléasc an sorn ar mo mhamsa. Rith chuile dhuine amach as an mbloc árasán.

MAX: Mharaíodh mo mháthairse mo rogha sicín don dinnéar.

AIMÉE: Céard fútsa, a Vera? An cuimhneach leatsa do lá breithe?

VERA: Bhíodh orm an abhainn a dhambáil is breith ar iasc.

AIMÉE: Dhéanadh mo mháthairse císte níos mó do mo dheirfiúr mar gur rugadh i ndílleachtlann í. Sciob sí as an áit sin í le go mbeadh saol níos fearr aici. Agus ansin, faraor géar, rugadh mise.

GUY: Ní ortsa an locht gur rugadh thú.

AIMÉE: Ní hin a bhí á rá agam.

GUY: Leagadh an locht ormsa – stróic an coiscín.

AIMÉE: Ní chreideann tú é sin?

GUY: Bhí mo mháthair ag iarraidh go gcreidfinn é.

MAX: Ag iarraidh go gcreidfeá go raibh an bod is mó ar domhan ag d'athair. Gabh mo leithscéal – sin an rud is measa a chuala mé go dtí seo.

GUY: Ná maslaigh mo mháthair arís.

MAX: Bhí mise im shíochánaí tráth. I ngrá le cailín. Folt fada uirthi. Figiúr breá aici. Agus í cliste leis. Bhí cónaí uirthi sa gcéad pharóiste eile. Ba den dream eile iad a muintir – thabharadh siad an P-fhocal orm, bhí mé chomh séimh sin na laethanta úd. Ansin chuir siad fainic orm.

AIMÉE: Nach bhfuil sé sin áiféiseach?

MAX: Bheartaigh mé go raibh sé amaideach cloí le taobh amháin toisc gur tógadh ar an taobh sin mé. *Sos.* Nuair a bhain mé a teachsa amach bhí sé leagtha. Rug Óglaigh na háite orm. Mhínigh siad dom gurbh iad mo dheartháireacha féin a leag an teach is a mharaigh an chlann. Chláraigh mé leo. Ghlac mé mionn troid ar son a gcúise – cibé cúis í féin, ní cuimneach liom anois.

GUY: D'fhéadfá filleadh ar an taobh eile – ar do mhuintir – ar do chúis féin.

MAX: Chaith an dream eile go maith liom.

AIMÉE: Cén áit a bhfuil do chomhghuaillithe anois?

MAX: Lá amháin tháinig ceo anuas orainn. Bhí mise i bhfeighil an ghunna mhóir. Scaoil mé liom. Scaoil an taobh eile leo. Agus nuair a d'ardaigh an ceo bhí mé tréigthe ansin, im aonar. Fliuch báite, ocrach, d'fhiafraigh mé díom féin céard sa diabhal a bhí ar siúl agam im shuí ansin ar thaobh cnoic i bhfeighil an ghunna mhóir sin. Agus ansin bheartaigh mé go dtroidfinn ar mo shon féin uaidh sin amach.

AIMÉE: An lá ar inis mo dheirfiúr do mo mháthair go raibh sí ag súil, chaith mo mháthair amach as an teach í. B'éigean dom geallúint a thabhairt don seanphéire nach labhróinn arís léi. Ach théinn chuig an amharclann bheag shuarach ina mbíodh sí ag obair – in oifig na dticéad nó mar shiúlisteach. Cúpla bliain ina dhiaidh sin glaodh isteach san ospidéal orm. Bhí sí sínte ar leaba a báis. Gheall mé di go dtabharfainn aire do Ghréagóir. B'in an rud deiridh a bhí uaim. Bhí ag éirí go geal liom sa jab. Mo chairde féin agam. M'árasán féin. De réir a chéile chuaigh mé i dtaithí ar nósanna an bhastaird bhig. Agus mé díreach tar éis éirí ceanúil air, phléasc an buama.

GUY: Níor éirigh liomsa obair a fháil in oifig na dticéad, fiú, san áit ina mbínn féin ag obair. Bhínn ag scuabadh an urláir, is ag glanadh na leithreas. Agus mo mháthair tinn – í tréigthe agam, thuas san árasán.

AIMÉE: A Guy, ní gá é seo a rá.

GUY: Mhínigh mé é seo uilig do stiúrthóir na háite. Fear beag gránna, le súile beaga bídeacha, bolg ramhar. Gheall sé dom go bhfaigheadh sé jab i dTeach an Ardmhéara dom. Mar bhuitléir. Cheap mé go bhfoghlaimeoinn ceird. Gach tráthnóna, obair an lae déanta agam, ghabhainn abhaile ina charr spóirt leis. Suas linn san ardaitheoir. B'éigean dom mé féin a ghléasadh mar chailín aimsire. Stocaí mogallacha, sciorta beag, naprún, agus seasamh os a chomhair agus a rá: 'a mháistir chaoin, céard a theastaíonn uait anocht?' Deireadh seisean: 'braithim fíortheann' agus deirinn 'an bhfuil tú ag iarraidh cúnaimh, a mháistir?' agus deireadh seisean: 'tá na seanchnámha ag cur as dom' …

AIMÉE: Céard faoi mo dhuine a scaoileadh saor?

VERA: Má tá tú ag iarraidh an ceadúnas sin a thabhairt d'éinne, is domsa ba chóir é a thabhairt. *Sos.* Lá amháin bhí muid i lár béile. Amuigh sa ngarraí. An fómhar bainte. Na comharsana thart orainn. *Sos.* Phléasc crúiscín bainne os mo chomhair amach. An chéad philéar. Báine an bhainne is deirge na fola – sruthanna beaga bándearga ag sní thar an mbrat boird. Na fir uilig á dtarraingt amach. *Sos.* Ba sa gcoill a dhúisigh mé an lá dár gcionn. Chaith mé an geimhreadh ann. Ag ithe torthaí. Ag goid bruscair. Ag fáil bháis den ocras agus ag cur suas meáchain ag an am céanna. *Sos.* Bhí aghaidh an cheannfoirt ar an mbastard beag. Bhí mé tar éis an tromluí a shaolú. *Sos.* Ní fhéadfainn é a chothú. Theastaigh uaim a inchinn bheag a scaipeadh ar fud an tsíbín ina raibh muid ag cur fúinn. *Sos.* Oíche amháin chuala mé na saighdiúirí ag útamáil sa gceantar. Bheartaigh mé a mac a athbhronnadh orthu. D'fhág mé istigh sa jíp é. Agus bhreathnaigh mé orthu – ag léimt isteach ann, ag magadh faoi, ag caint ar a mbeaignití a rith tríd. Ansin pléascadh – rinne mín an rud nach raibh sé de mhisneach agam féin a dhéanamh.

AIMÉE: An scaoilfimid saor é?

GUY: Bíonn sé deacair cinneadh a dhéanamh ag an am seo den oíche.

AIMÉE: Fanfaimid go maidin.

GUY: Sin an-smaoineamh.

AIMÉE: Ach bheadh orainn an cinneadh a dhéanamh ansin.

VERA: Níl aon chinneadh le déanamh. Ní gá tada a phlé. Níl aon rogha ag baint leis seo.

GUY: Is maith an nós é cúrsaí a phlé ó am go chéile.

AIMÉE: Tugann sé rud éicint le déanamh dúinn.

VERA: Bíonn go leor le déanamh i gcónaí.

GUY: Rudaí fisiciúla. Ach nach bhfuil ár gcloigne tar éis éirí leisciúil?

AIMÉE: Níl siad leisciúil. *Sos.* Na geallúintí a thug tú?

VERA: Ní raibh iontu siúd ach geallúintí.

AIMÉE: Ar aon chaoi bheadh sé chomh maith againn an cinneadh a chur ar ceal.

VERA: Déanfaimid an rud ceannann céanna is a dhéanann i gcónaí.

GUY: Tá sé deireanach.

AIMÉE: Tá mise fuar.

GUY: Tá mise préachta.

AIMÉE: Bhí tú stiúgtha.

GUY: Anois tá mé préachta. Agus tá tuirse orm.

VERA: Ní thagann deireadh leis an gclamhsán.

AIMÉE: Ach an mbraitheann tú níos fearr anois?

GUY: Tá mé lán go béal.

AIMÉE: Rinne tú é. Rinne tú an cleas. D'éirigh leat fáil réidh leis an ngruaim.

GUY: B'fhéidir é – ar feadh an tráthnóna. Ach nach bhfuil lá eile romham ar maidin?

Isteach sa bpluais le AIMÉE *agus* GUY.

MAX: Hé, a Vera!

VERA: Sé 'no' freagra na ceiste.

MAX: Cén cheist?

VERA: Aon cheist a chuirfeas tú orm.

MAX: Tuigeann muide nuair atá buaite orainn. Bíonn an péire eile sin ag brionglóidigh.

VERA: É sin a choinníonn ag imeacht iad.

Anonn le VERA *i dtreo na pluaise.*

VERA: Bhíodh an fuinneamh céanna agamsa uair amháin.

MAX: Agus anois?

VERA: Nach bhfuil sé sin soiléir?

MAX: Scaoil saor mé, a Vera.

VERA: Oíche mhaith!

Iompaíonn VERA *uaidh.*

MAX: A Vera, tá mé ag impí ort.

Isteach sa bpluais le VERA. *Tosaíonn* MAX *ag útamáil thart agus aimsíonn sé an siosúr. Éiríonn leis na laincisí a ghearradh. Amach de rúid leis. Múchtar na soilse.*

Maidin

Ardaítear na soilse. Isteach le VERA. *Tosaíonn sí ag réiteach na háite. Ardaíonn sí an phluid agus feiceann go bhfuil* MAX *imithe. Tugann sí an siosúr agus na laincisí faoi deara. Isteach le* GUY *agus le* AIMÉE, *tinneas cinn orthu. Ólann siad uisce agus glanann a n-aghaidh.*

GUY: Céard a bhí san anraith sin?

AIMÉE: Luibheanna leighis.

GUY: An bhfui luibheanna breise agat leis na luibheanna leighis a leigheas?

AIMÉE: Mar a tharlaíonn, tá.

GUY: Ná bac.

AIMÉE: Leigheas na póite atá uainn.

Tugann GUY *faoi deara go bhfuil* MAX *imithe.*

GUY: Cén áit a bhfuil mo dhuine?

VERA: Nach bhfuil sé soiléir cén áit a bhfuil mo dhuine? *(ag taispeáint an tsiosúir di).* A Aimée, nár dhúirt mé leat iad seo a fhágáil ar ais sa mbosca?

GUY: Is cuimhneach liom iad a úsáid, ceart go leor.

AIMÉE: Ní mise a d'fhág ansin iad.

GUY: Ansin chuir mé ar ais sa mbosca iad.

AIMÉE: Agus mise.

VERA: Mise a d'fhág ar an talamh iad, mar sin?

GUY: Caithfidh gur tú.

VERA: Ní dhéanfainnse a leithéid.

AIMÉE: Ní dhéanfainnse ach oiread.

VERA: Bhí an bheirt agaibhse caochta.

AIMÉE: Agus ní raibh tusa?

VERA: Bhí a fhios agam nach bhféadfainn é a thrust.

AIMÉE: Éinne nach gcreideann in aon chúis.

VERA: An phléadáil uilig is bun leis seo. An argóint. Sibhse, a bhí ag iarraidh é a ligean saor.

GUY: Fan nóiméad, a Vera, ní raibh aon bhaint agamsa leis seo, beag ná mór.

Cloistear eitleán, buamaí ag titim. Ritheann an triúr acu go béal na pluaise.

VERA: B'in í an tríú huair an deireadh seachtaine seo.

AIMÉE: An dara huair.

VERA: Ar a laghad thóg tú isteach an bríste.

AIMÉE: Ach fós is féidir leis muid a fheiceáil.

VERA: Táim ag ceapadh, faoin am seo, nach bhfuil suim aige ach sna boic mhóra.

AIMÉE: Na boic shaibhre.

VERA: Lucht an airgid is cúis leis seo uilig.

GUY: Bíonn an ceart ag an neart.

AIMÉE: Agus is ag an neart a bhíonn an t-airgead.

Stadann na buamaí. Amach as béal na pluaise leis an triúr. Breathnaíonn siad i dtreo naprún an stáitse, áit ar léiríodh Radharc a hAon. Tagann GUY *ar vallait* MAX *agus tosaíonn á léamh.*

VERA: Ba bhreá liom an choill bheag sin. Agus an t-iora rua a bhíodh ina chónaí ann.

AIMÉE: Sin anois é – ag rith siar an bóthar.

VERA: Isteach sa gcathair.

GUY: *(ag léamh).* Maximilian, mac an ghabha. Seirseanach.

VERA: Gabh i leith, céard é an rud bán sin?

Ardaítear na soilse ar naprún an stáitse agus feictear MAX *ina luí ansin, a scaif, a chaipín agus a bhuataisí scaipthe thart.*

GUY: *(ag léamh).* Maximilian, mac an tsiúinéara. Leifteanant, Arm an Iarthair.

VERA: Nach raibh stocaí bána ar Max?

AIMÉE: Le stríocacha dearga ag a mbarr.

VERA: Céard é an rud buí sin?

AIMÉE: Bhí scaif bhuí aige freisin.

GUY: *(ag léamh).* Maximilian, mac an innealtóra. Sáirsint. Arm an Oirthir.

AIMÉE: Buí. An dath is mó is féidir a thabhairt faoi deara.

VERA: Ar muir is ar tír.

AIMÉE: Ní fhásann an t-aiteann a thuilleadh.

VERA: Ná na sabhaircíní.

AIMÉE: Seo é an fómhar.

VERA: Céard é an rud dearg sin thall?

AIMÉE: Bhí caipín dearg ag Max.

VERA: Bhí, go deimhin.

GUY: Maximilian. Oileánach. Feirmeoir. É Féin. Mac an Domhain. *Sos.* Gabhaim buíochas.

AIMÉE: Agus mise.

GUY: Theastaigh uaimse é a scaoileadh saor. Tuigim gur aoi mise – gur chóir dom glacadh le rialacha an tí. Agus tú sa Róimh, agus araile. Tá áthas orm anois nach ndearna mé é. An-áthas go deo.

AIMÉE: Cé a chreidfeadh go raibh lá mar seo i ndán dúinn?

VERA: Thuas seal, thíos seal.

GUY: Tá áthas orm nach ndearna mé rogha.

VERA: Tá lá breá eile buailte linn.

AIMÉE: D'éirigh mé go moch ar maidin.

VERA: Chuir mé orm mo chuid éadaigh.

GUY: Nigh mé mé féin.

AIMÉE: D'ith mé mo bhricfeasta.

VERA: Tháinig na buamaí.

AIMÉE: Is scaoileadh na piléir.

GUY: Phléasc na gránáidí.

VERA: Dódh na coillte.

AIMÉE: Scriosadh an chathair.

GUY: Ach tháinig muide slán uaidh.

VERA: Tháinig muid slán ó na buamaí.

AIMÉE: Tháinig muid slán ó na piléir.

VERA: Tháinig muid slán ó na gránáidí.

GUY: Ní dhearna muid cinneadh.

AIMÉE: Ní dhearna muid rogha.

VERA: Thit an tóin as an saol.

Nascann siad a lámha le chéile agus tosaíonn ag máirseáil chun tosaigh, ar chlé, ar dheis, agus ar ais arís. De réir a chéile éiríonn an mháirseáil níos moille mar a bheidís ag bogadh i straitheog mhoillithe.

GACH ÉINNE: Ní dhearna muid cinneadh. Ní dhearna muid rogha. Thit na buamaí anuas ón spéir. Phléasc na gránáidí. Scaoileadh na piléir.

GUY: *(ag teacht chun tosaigh).* Is ní ormsa an locht. *(ag filleadh ar an mbeirt eile).*

GACH ÉINNE: Ní dhearna muid cinneadh. Ní dhearna muid rogha. Thit an tóin as an saol. Scriosadh an chathair.

AIMÉE: *(ag teacht chun tosaigh).* Is ní ormsa an locht. *(ag filleadh ar an mbeirt eile).*

GACH ÉINNE: Dódh na coillte. Scaoileadh na piléir.

VERA: *(ag teacht chun tosaigh).* Is ní ormsa an locht. *(ag filleadh ar an mbeirt eile).*

GACH ÉINNE: Ní dhearna muid cinneadh. Ní dhearna muid rogha. Thit na buamaí anuas ón spéir. Is ní orainne an locht. Ní orainne an locht.

Múchtar na soilse de réir a chéile.

Deireadh

CÓIRÍN NA dTONN
Dráma Ceithre Ghníomh

Bhain an dráma seo Duais an Oireachtais do Dhráma Ilghníomh in 2004. Fuair sé ardmholadh i nGradam Litríochta Chló Iar-Chonnachta sa bhliain chéanna.

Tá téama suimiúil sa dráma seo – an bhean atá ag iarraidh éalú ó chéasadh a coinsiasa féin trí dhíospóireacht leis an gcoinsias sin agus trí iarrachtaí a saoil a fheabhsú. An-chleas drámaíochta a bhaintear feidhm as – beirt charachtar in aon duine amháin à la Philadelphia Here I Come. *Oibríonn sé de bhrí nach dtarlaíonn na radharcanna idir an bheirt ach nuair a bhíonn sí léi féin – an bhean aisteach a bhíonn ag caint léi féin.*

Taobh istigh de na radharcanna tá tuiscint mhaith ag an údar de structúr na drámaíochta: ag deire gach radharc beagnach thiocfadh leis an lucht féachana a rá go bhfuil an scéal tógtha ar aghaidh ar dhóigh éigin.

– Moltóir an Oireachtais

'Sóp' ar fheabhas atá san iarracht so agus ní beag an moladh air é sin. Shamhlóinn é mar shreath ar an teilifís agus b'fhéidir úrscéal ag síolrú uaidh, ach ní fheicfinn aon fhadhb ag roinnt len é a chur ar an ardán. Tá na comhráití tríd amach chomh léiritheach sin nár ghá puinn gléasadh stáitse chun iad a chur in iúl. Ba leor im thuairim soilse chuige. Tá pearsantachta na gcaractaeraí deimhnithe agus so-aitheanta ó chéile. Is féidir báidh a chothú leo agus suim dáiríribh a bhraistint 'na gcúrsaí.

– Máire Mhac an tSaoi

Moltóir, Ghradam Litríochta Chló Iar-Chonnachta

Pearsana

Cóirín	amhránaí, 33 bliain
Críonna	coinsias Chóirín
Áine	deirfiúr Chóirín, 31 bliain
Maidhc	iascaire, 45 bliain
Ré	bitheolaí mara, 42 bliain
Tara	iníon Ré, 21 bliain
Muintir an Bhaile:	Bean 1, Bean 2, Bean 3; Fear 1, Fear 2, Fear 3

Is féidir le Críonna, Áine, Ré, *agus* Tara, *mar aon le beirt chúntóirí stáitse, páirteanna mhuintir an bhaile a ghlacadh, nó is féidir na páirteanna seo a dháileadh ar aisteoirí eile.*

AN SEIT

Spás oscailte, a d'oirfeadh do na radhairc atá suite ar an trá nó sa reilig, atá sa seit. Is féidir bord agus stólta a thabhairt isteach do na radhairc atá suite sa teach tábhairne. D'fhéadfaí fuinneog a ísliú freisin sna radhairc seo le cur in iúl go bhfuil an teach tábhairne ag breathnú amach i dtreo na farraige. Beidh leaba ag teastáil do na radhairc atá suite sa chillín agus soilsiú le híomhá an phríosúin a chruthú.

NÓTAÍ

Tá an dráma seo suite in iarthar na hÉireann agus an fichiú céad ag druidim chun deiridh. Is é aidhm an dráma scéal a insint, scéal CHÓIRÍN, *ógbhean a bhfuil guth inmheánach aici a mholann di rudaí nach bhfuil sí cinnte fúthu a dhéanamh, agus a réabann a féinmhuinín. Tugtar cruth daonna i bpearsa* CHRÍONNA *don ghuth seo leis an díospóireacht a chur os comhair an phobail ar chaoi dhrámatúil a thiomáineann an scéal, agus a thaispeánann nach ionann an méid a bhíonn le rá ag* CÓIRÍN *agus an méid a cheapann sí.*

Tá sé ar intinn freisin go bhfeidhmeoidh an aimsir, na séasúir, an fharraige, an suíomh féin, mar charachtar a athraíonn tríd an dráma, agus a mbíonn tionchar ar an aicsean aige. Chuige seo is féidir an dráma a léiriú i spás a bhfuil cúpla leibhéal ann, mar aon le carraigeacha, mullóga agus corrlinn uisce. Is féidir a chur in iúl trí radharcra agus trí shoilsiú go bhfuil an t-aigéan chun tosaigh, ar thaobh, nó i gcúl an stáitse.

Ar rogha an stiúrthóra, d'fhéadfadh pearsana dul thar bráid ó am go ham, iad ar bogshodar, gléasta i gcultacha fliucha/slata iascaigh ar iompar acu, le timpeallacht na trá a chruthú.

Gníomh a hAon

Radharc a hAon

Cillín

Maidin Gheimhridh

Leaba, a bhfuil mála taistil, leabhair, bréagáin bhoga is éadaí caite uirthi. Cóirín *ina suí ar an leaba, cuma uaigneach uirthi,* Críonna *taobh thiar di.*

Tá sé tábhachtach go gcruthófar sna radhairc thosaigh, tríd an gcóiréagrafaíocht, gurb iad an dá leath den duine céanna iad Cóirín *agus* Críonna. *Tá* Críonna *gléasta i ngúna bán, gan é a bheith róthaibhsiúil; tá* Cóirín *gléasta i ngúna dubh agus bán a osclaíonn chun tosaigh, cuaráin uirthi. Faoina gúna tá tankini dubh. Ardaítear na soilse os cionn na leapa.*

Críonna: A óinseach! Cé eile a dhéanfadh a leithéid?

Cóirín: Murach thusa, ní dhéanfainn é.

Críonna: Ná leag an milleán ormsa. Níl ionamsa ach guth an réasúin. An guth a choinníonn slán thú.

Cóirín: Tá mé slán anois, ceart go leor. Slán sábháilte. I ngéibheann. Mar nach ndearna mé ach an rud ar chreid mé ann.

Éiríonn Cóirín *aníos ón leaba.*

Críonna: D'fhéadfá do chlab a choinneáil druidte. Ní bheadh a fhios ag éinne. Bheadh siad ag ceapadh gur thimpiste a bhí ann. Bheifeá sa bhaile. Ag tabhairt aire do do gharraí. Ag rith síos chuig an trá chuile lá.

Cóirín: A choinsias lofa! Tuige ar lean tú chuig an áit áiféiseach seo mé?

Críonna: Tusa a thug cuireadh dom tú a leanúint. *Sos.* Bheinn ag ceapadh go mbeadh ríméad ort: ní chuirfidh SEISEAN isteach ná amach ort níos mó; ní bheidh ort breathnú ina dhiaidh, faoi mar a bhí le Mam. Agus ná bí á shéanadh: bhí ríméad ort nuair a cailleadh ise. *Sos.* B'fhada an fanacht a bhí ort. Ag súil leis an lá a gcuirfí í. Cuimhnigh ar na hoícheanta uaigneacha a chaith tú sa teach id aonar léi. Í as a cloigeann, ag piocadh ort, ag screadaíl, is ag caoineadh.

CÓIRÍN: Tá na hoícheanta sin imithe.

CRÍONNA: Tú ag guí do Dhia na Glóire go scaoilfí saor thú. Ag impí air deireadh a chur lena saol. Le saol do mháthar. Cén saghas Críostaí thú? Cén saghas Críostaí a bhíonn ag iarraidh fáil réidh lena máthair, leis an mbean a thug ar an saol í?

CÓIRÍN: Bhí mé ag iarraidh fáil réi léi toisc gur dea-Chríostaí mé. Cé atá ag iarraidh a bheith sínte ar feadh an achair sin? Ní raibh seisean, cibé.

CRÍONNA: Bhí tú saor an t-am sin, an lá ar cuireadh í. Chomh saor leis na faoileáin ar na carraigeacha.

Íslítear na soilse agus tugtar amach an leaba is gach a bhfuil uirthi.

An Trá

Lá Samhraidh

Ardaítear na soilse. Baineann CÓIRÍN *a cuaráin di is suíonn cois farraige; tógann sí cloch agus cuireann ag scimeáil thar an bhfarraige í. Scinneann* CRÍONNA *thar an stáitse is cromann in áiteacha éagsúla.*

CÓIRÍN: Ní déarfaidh éinne liom céard is cóir dom a dhéanamh. Nár chóir an chloch seo a thógáil. Nár chóir í a chaitheamh. Nár chóir a bheith ag rith thart, cosnocht.

CRÍONNA: Nó lomnocht, más mian leat. *Sos.* Tú i do shaoiste ort féin – cé a cheapfadh é cúpla lá ó shin? *Sos.* Ní maith liom é a lua, ach is anois a thiocfaidh do chuid fadhbannaí isteach sa mullach ort.

CÓIRÍN: Dún suas do chlab, thusa. Cén sórt coinsiasa thú? Tá mé saor anois, agus sin a bhfuil faoi.

Ardaíonn CÓIRÍN *a gúna agus treabhann na tonnta.*

CRÍONNA: Saor ó céard, a Chóirin?

CÓIRÍN: Saor ó chuile rud. Ó chuile fhadhb. Chuile shrian.

CRÍONNA: Ach, a stóirín, fiú má tá tú saor ó chuile rud, céard a dhéanfaidh tú leis an tsaoirse sin? Céard is fiú saoirse mura bhfuil tú chun tairbhe a bhaint aisti? Céard atá ar intinn a't a dhéanamh amach anseo? Na pleananna sin a roinneann tú liom chuile lá! Ní bheidh tú in ann iad a chur i gcrích. Faraor géar, níl an tslat droma ionat!

CÓIRÍN: *Sos.* D'fhéadfainn an teach a dhíol.

CRÍONNA: Ha!

CÓIRÍN: Dá mba mhian liom é. D'fhéadfainn dul ar saoire – chuig an Astráil.

CRÍONNA: Tusa ag taisteal? Id aonar? Ar fud na hAstráile? Nach in an áit a bhfuil an *serial-killer* sin? Bhéarfadh sé ort

– an fear céanna. Dhéanfadh sé thú a éigniú. Agus a thachtadh. Agus a éigniú arís.

CÓIRÍN: D'fhéadfainn dul ann. Ní go fóill, seans, ach laistigh de bhliain, déarfainn.

CRÍONNA: Céard faoi airgead? Cosnaíonn sé an domhan an domhan céanna a shiúl.

CÓIRÍN: Nach bhfuil an polasaí árachais a'm?

CRÍONNA: Ní bheidh tada fágtha th'éis na sochraide.

CÓIRÍN: D'fhéadfainn filleadh ar an múinteoireacht. Go páirtaimseartha. D'fhéadfainn a bheith im amhránaí.

CRÍONNA: Tá tú tríocha trí bliana d'aois. Tá tú ró-aosta.

CÓIRÍN: Céard faoi Mary Black? Is Dolores Keane? Níl siadsan ró-aosta, an bhfuil?

CRÍONNA: Mary Black agus Dolores Keane! Sean-chailleacha an bheirt acusan. *Sos.* Bheifeása róchúthail seasamh os comhair an phobail agus amhrán a chasadh.

CÓIRÍN: Seans go dtitfidh mé i ngrá.

CRÍONNA: *Yeah right*! Le Maidhcín! Cé eile a mbeadh suim aige ionat?

CÓIRÍN: Breathnaigh go bhfeice tú.

CRÍONNA: Níl fear ar bith eile a chaithfeadh súil ort.

CÓIRÍN: Ní hé Maidhc is measa. *Sos.* D'fhéadfainn gasúir a thabhairt ar an saol. Cailín beag gleoite. Leaid beag cliste.

CRÍONNA: A Chóirín, a stóirín, faigh réidh leis an smaoineamh sin. Ní fhéadfása gasúir a chothú. Dhéanfása an phraiseach chéanna díobh is a rinne do mháthair díotsa is d'Áine.

Triomaíonn CÓIRÍN *a cosa le sciorta a gúna.*

CÓIRÍN: Sea, beirt ghasúr. D'fhéadfadh muid dul ag snámh chuile lá i rith an tSamhraidh. Is picnic a ithe ina dhiaidh sin. Caisleáin a thógáil. Breathnú ar na portáin is ar na sliogáin. Na clocha beaga a chomhaireamh. D'fhéadfainn an fheadóg a mhúineadh dóibh. Is na hamhráin.

D'fhéadfainn maireachtáil anseo. D'fhéadfainn a bheith sona.

Cuireann CÓIRÍN *uirthi a cuaráin.*

CRÍONNA: *Away* leat chuig an tsochraid mar sin, ag ligean ort go bhfuil chuile rud togha. Ag cur dallamullóg ar do dheirfiúr bhocht. Ar Áine bhocht. Is ar Mhaidhc, an créatúirín is séimhe ar domhan. Beidh mise ag faire ort. Ar chuile fhocal a thagann amach as do bhéal.

CÓIRÍN: Nach féidir leat cuidiú liom anois, seachas cur i mo choinne? Is maith a thuigeann tú go gcaithfidh mé a bheith stuama, is aghaidh a thabhairt orthu.

Siúlann CÓIRÍN *chuig an taobh eile den stáitse. Amach le* CRÍONNA. *Isteach leis na haisteoirí eile, cuma bhrónach orthu.*

An Reilig

Lá Samhraidh

An fhoireann uilig, cúntóirí stáitse san áireamh, faoi éide dhubh, mar a bheidís ina seasamh thart ar uaigh. Tá hata ard (macasamhail hata le Philip Treacy) á chaitheamh ag ÁINE, *mar aon le gúna gearr agus sála arda. Tá léine bhán agus carbhat dubh á gcaitheamh ag* MAIDHC. *Castar amhrán diaga ar nós 'Ag Críost an Síol'. Agus an t-amhrán á chasadh, labhraíonn* ÁINE *agus* CÓIRÍN *le chéile. Go hiondúil agus í ag labhairt le hÁINE déanann* CÓIRÍN *iarracht srian a choinneáil ar a mbíonn le rá aici is labhraíonn go híorónta seachas go feargach.*

ÁINE: Nach bhfuil aon hata a't?

CÓIRÍN: Tá.

ÁINE: Tuige nár chaith tú é? Agus breathnaigh an gúna sin. Táimid náirithe os comhair an tsaoil. Arís. *Sos.* Ná habair gurb é sin Maidhc Ó Braonáin thall.

CÓIRÍN: Sin é, an fear céanna.

ÁINE: Go bhfóire Dia orainn. Meas tú céard a thug anseo é? *Sos.* Cé hé an fear ard sin?

CÓIRÍN: Polaiteoir éicint.

ÁINE: Tá an ceart a't. Sin Páidí Seoighe, Teachta Dála. Fianna Fáil, mura bhfuil dul amú orm.

CÓIRÍN: Sin é go deimhin. Meas tú céard a thug anseo é?

Ag deireadh an amhráin déanann gach éinne comhbhrón le CÓIRÍN *agus le h* ÁINE.

BEAN 1: Go ndéana Dia trócaire ar a hanam dílis!

FEAR 1: Ní maith liom do thrioblóid.

BEAN 2: Faoiseamh a bhí ann, muis – í sínte ar feadh an achair sin!

BEAN 3: Is trua liom do chás. Go ndéana Dia trócaire uirthi!

Fad is a bhíonn comhbhrón á dhéanamh tugtar isteach bord, cúpla stól, tráidire ceapairí, cúpla deoch. Fanann an fhoireann uilig, seachas BEAN 3/TARA *(a imíonn anois) i láthair, ag caint is ag ól, le linn an chéad radhairc eile.*

Radharc a Ceathair

An Teach Tábhairne

Tráthnóna Samhraidh

ÁINE: Buíochas le Dia go bhfuil sé sin thart.

CÓIRÍN: Níl sé thart fós.

ÁINE: Bhíos ag caint ar an reilig. Nach bhfuil slua mór i láthair? Ní raibh mé ag ceapadh go mbeadh aithne ag an méid sin daoine uirthi.

CÓIRÍN: Seans gur chuala siad go raibh bia agus deoch le fáil saor in aisce.

ÁINE: *Sos.* Tá sé thar am a'inn cúrsaí a phlé.

CÓIRÍN: Cé na cúrsaí?

ÁINE: Níor thaitin na ceachtanna a roghnaigh tú liom – an stuif sin uilig faoin saol thall.

CÓIRÍN: Ná an tseanmóir ach oiread, cuirfidh mé geall? An méid a bhí le rá ag an Athair Séamas?

ÁINE: Ní raibh leigheas a't ar an méid a bhí le rá ag an liúdramán sin. *Sos.* Tá go leor airgid a't le n-íoc as seo?

CÓIRÍN: Tá.

ÁINE: Ná habair gurb é sin Beairtle Ó Dónaill thall?

CÓIRÍN: An seanscabhaitéir é féin!

ÁINE: Caithfidh sé go bhfuil sé th'éis ocht bpiontaí ar a laghad a shlogadh siar.

CÓIRÍN: Bhí tú á gcomhaireamh? Tá tú níos measa ná mar a bhí mé ag ceapadh. Tá sé ar intinn a'msa ocht bpiontaí a ól ar a shochraidsean – ocht bpiontaí fíona.

ÁINE: Breathnaigh an Maidhc sin!

CÓIRÍN: Nach bhfuil na ceapairí go deas?

ÁINE: Níl aon chaill orthu.

CÓIRÍN: Agus an bradán?

ÁINE: Beagáinín tirim.

CÓIRÍN: Maidhc a thug dom é.

ÁINE: *(samhnas uirthi)*. Ar labhair tú leis an gceantálaí fós?

CÓIRÍN: Céard?

ÁINE: Cinnte níor labhair. Bhí tú gafa leis seo uilig. Agus i ndeireadh an lae, le bheith fírinneach leat, d'fhéadfadh cúrsaí a bheith i bhfad níos measa. *Sos.* Tá aithne a'm ar cheantálaí istigh sa gcathair. Ball é de chlub gailf Phóil. Gheobhaidh sé praghas maith duit. D'fhéadfá an teach a dhíol mar *lot* amháin. Agus an suíomh, do shuíomhsa, mar *lot* eile. Nó d'fhéadfá an *chebang* uilig a dhíol ag an am céanna. Braitheann sé ort féin. Bheadh sé níos fearr iad a dhíol in dhá lot, tá mé ag ceapadh – gheofá praghas níos airde an bealach sin. Bíonn suas le dhá chéad míle le fáil ar shuíomhannaí na laethanta seo.

CÓIRÍN: Caithfidh sé go bhfuil aiféala ort, a Áine, gur dhíol tú do shuíomh féin ar an méid suarach sin na blianta ó shin.

ÁINE: Tá a fhios a't go maith go raibh Pól ag bunú a chomhlachta ag an am.

CÓIRÍN: Agus ní raibh pingin rua aige.

ÁINE: Ní déarfainn sin.

CÓIRÍN: Ar chuimhnigh tú riamh go mb'fhéidir nach raibh Gearmánaigh uaimse – béal dorais – Ute agus Wilhelm?

ÁINE: Nuair a d'fhág Deaide suíomh an duine a'inn, dúirt sé go bhféadfadh muid cibé rud ba mhian linn a dhéanamh leis.

CÓIRÍN: Agus is liomsa an teach. B'in é an socrú.

ÁINE: Nílim ag rá nach leatsa é, a stór. Nílim ach ag iarraidh cuimhneamh ar an gcaoi is fearr le fáil réidh leis.

CÓIRÍN: Seans nach bhfuil mé ag iarraidh é a dhíol.

ÁINE: An as do chloigeann atá tú? Tuigim cé chomh dian is a bhí cúrsaí le fada. Ach tá an-éileamh ar shuíomhannaí agus ar thithe thart anseo anois.

CÓIRÍN: Nár chuala tú mé, a Áine – nílim ag iarraidh é a dhíol?

ÁINE: Níl sé ar intinn a't an chuid eile ded shaol a chaitheamh amuigh anseo id aonar?

CÓIRÍN: Níl – tá an ceart a't.

ÁINE: An t-aon fáth go raibh cónaí ort anseo, go dtí seo, ná go raibh tú ag tabhairt aire do Mham. Agus tá sise marbh anois, go ndéana Dia trócaire ar a hanam dílis. An créatúr – nuair a chuimhním ar an méid a d'fhulaing sí. Í sínte ar feadh an achair sin. Is níor fhág sí an teach le naoi mbliana roimhe sin.

CÓIRÍN: Dhá bhliain déag. Níor fhág sí an teach ó lá do bhainise i leith.

ÁINE: Níor bhuail sí isteach chugam san ospidéal nuair a rugadh an cúpla.

CÓIRÍN: Le cúnamh a thairiscint duit?

ÁINE: Ó, a Chóirín, nach uafásach an lá é seo? Caithfidh muid a bheith cróga is deireadh a chur leis na deora.

CÓIRÍN: Tá mise th'éis deireadh a chur leo. Agus tá mé th'éis cinneadh a dhéanamh. Dá n-éireoinn féin tinn, chuirfinn lámh i mo bhás féin, seachas iarraidh ar éinne eile aire a thabhairt dom.

ÁINE: Ná habair é sin.

CÓIRÍN: Dá mbeadh ort féin aire a thabhairt d'othar, thuigfeá go maith. Agus níl mé chun an teach a dhíol – go fóill, ar aon chaoi.

ÁINE: Beidh an margadh níos foirfe th'éis an tSamhraidh.

CÓIRÍN: Nár chuala tú mé, a Áine?

ÁINE: Tá tú th'éis éirí an-chosúil léi. Bhí tú ceanndána riamh. Anois tá tú amaideach. Breathnaigh, ní fhéadfá maireachtáil amuigh anseo id aonar. Níl mé ag iarraidh a bheith ag tabhairt amach duit, a stór. Ní hin a bhí ar intinn a'm in aon chor, go speisialta ar lá mar seo. Caithfidh tú cuimhneamh ort féin amach anseo.

CÓIRÍN: Is orm féin atá mé ag cuimhneamh.

ÁINE: Ba chóir duit dul ar saoire – go Majorca, b'fhéidir, nó Ibiza.

CÓIRÍN: Níl mé ag iarraidh dul thar lear.

ÁINE: Bhuel, glac sos, ar aon chaoi. Agus labhróidh muid faoi chúrsaí arís. Ag deireadh an tSamhraidh, nuair a bheas machnamh déanta a't ar an scéal. D'fhéadfá árasán beag a cheannach istigh sa gcathair. Tá forbairt álainn á tógáil cois farraige.

CÓIRÍN: Gar do do theachsa?

ÁINE: Sách gar dó.

CÓIRÍN: (*go híorónta*). D'fhéadfainn bualadh isteach chugat, chuile lá.

ÁINE: Gach re lá, b'fhéidir.

CÓIRÍN: D'fhéadfainn aire a thabhairt do na gasúir, do Nigel agus do Genevieve.

ÁINE: Nach tú an deirfiúirín is fearr ar domhan? Ar inis mé duit go raibh Pól ag cuimhneamh ar an gcomhlacht a fhorbairt? Fuair sé tairiscint iontach an lá cheana, ach faraor géar, tá a chuid airgid uilig gafa faoi láthair.

CÓIRÍN: D'fhéadfainn an suíomh a dhíol agus iasacht bheag a thabhairt dó.

ÁINE: Bheadh sin togha.

CÓIRÍN: Iasacht – céard atá á rá a'm? D'fhéadfainn bronntanas beag a dháileadh air.

ÁINE: Níos fearr fós. Is gearr go mbeidh an cúpla ag dul ar an meánscoil.

CÓIRÍN: Scoil phríobháideach, is dócha?

Seasann MAIDHC *in aice leo.*

ÁINE: Céard eile?

MAIDHC: Gabh mo leithscéal, a Chóirín, tá an tAthair Séamas ag iarraidh labhairt leat.

ÁINE: Ar ball. (*le* CÓIRÍN). Caithfidh siad na pointí a fháil le haghaidh na gcúrsaí is fearr.

CÓIRÍN: Leis na postanna is fearr a fháil. Céard faoi leigheas nó chuntasaíocht?

ÁINE: D'oirfeadh an leigheas do Nigel. Níl a fhios a'm faoi Genevieve. Seans go n-oirfeadh an dlí di.

CÓIRÍN: Genevieve bheag ina babhcóide! Cé a cheapfadh é!

ÁINE: Bheadh ceachtanna deaslabhra uaithi.

CÓIRÍN: Leis an bhfírinne a lúbadh. Is í ag labhairt trína tóin. Ar nós a máthar.

MAIDHC: Gabh mo leithscéal!

ÁINE: A Mhaidhc!

CÓIRÍN: Abair leis an Athair Séamas, abair leo uilig, go bhfuil mé róchorraithe labhairt le héinne.

ÁINE: Níl sé ar intinn a't na haíonna a thréigean?

CÓIRÍN: Tabhair thusa aire dóibh. Is leatsa iad freisin.

Amach le CÓIRÍN.

MAIDHC: An-deas tú a fheiceáil arís, a Áine. Ní minic a bhíonn tú thart.

ÁINE: Bím cruógach. Leis an gclann, agus chuile shórt. Gabh i leith, tá mé iontach buartha faoi Chóirín s'a'ainne.

MAIDHC: Is mise leis.

ÁINE: An bhféadfása labhairt léi? Bhíodh an-mheas go deo aici ar a mbíonn le rá a'tsa.

MAIDHC: Cuireann tú iontas orm.

ÁINE: *(í ag breathnú thart).* Ní thuigim cén chaoi a bhféadfadh sí é seo a dhéanamh.

MAIDHC: Is maith a thuigimse é.

ÁINE: Ní dóigh liom go bhfuil sí ar a ciall. *I mean,* céard atá i ndán di má fhanann sí sa gceantar seo?

MAIDHC: Tá sé ar intinn a'm an cheist cheannann chéanna a phlé léi.

ÁINE: Bíonn sé go deas an t-am seo bliana, ach nuair a athraíonn an aimsir … Meas tú, an gcaitheann sí an iomarca ama thíos ag an trá?

MAIDHC: Bíonn sí le feiceáil thíos ann chuile lá, *all right*, is mé ag druidim leis an gcaladh. Mar a bheadh maighdean mhara ag tabhairt aire do na hiascairí uilig.

ÁINE: Sea …

MAIDHC: Slán go fóill, a Áine.

ÁINE: A Mhaidhc, cá bhfuil an tAthair Séamas?

MAIDHC: Thall sa gcúinne.

ÁINE: A Mhaidhc …

MAIDHC: Slán agat, a Áine.

Isteach le TARA.

TARA: Gabh mo leithscéal.

ÁINE: (*ag ceapadh gur sochraideach í*). Go raibh míle maith a't as teacht.

TARA: Céard?

ÁINE: Tá brón orm – níor aithin mé i dtosach thú. Beidh rud éicint a't le n-ól?

TARA: Beidh, go raibh maith a't. *Sos.* Gabh i leith, an bhfuil aithne a't ar Ré Breathnach?

ÁINE: Níl. Cuir ceist ar dhuine éicint eile.

FEAR 1: Ní maith liom do thrioblóid, a Áine.

ÁINE: Go raibh míle maith a't as teacht.

FEAR 1: Níl sí féin thart, an bhfuil?

ÁINE: Níl, faraor géar.

Is féidir le chuile dhuine, seachas MAIDHC, *imeacht de réir a chéile le linn an chéad radhairc eile mar a íslítear na soilse is a thógtar amach an bord, na stólta &rl.*

Radharc a Cúig

An Trá

Tráthnóna Samhraidh

Ardaítear na soilse. Isteach le CÓIRÍN *is suíonn ar charraig. Anonn le* MAIDHC *ar a tóir. Is léir go bhfuil cairdeas láidir eatarthu.*

MAIDHC: Bhí a fhios a'm go mbeifeá anseo.

CÓIRÍN: Lean tú mé?

MAIDHC: Anseo a bhíonn tú go hiondúil.

CÓIRÍN: Bíonn tú ag breathnú orm?

MAIDHC: Nílim in ann tú a sheachaint. Bhí mé díreach ag rá le hÁine …

CÓIRÍN: Bhí tú ag caint léise?

MAIDHC: Nach bhfaca tú mé ag labhairt léi? *Sos.* Bhí an-slua i láthair. Caithfidh sé go bhfuil tú breá sásta?

Suíonn MAIDHC *in aice léi.*

CÓIRÍN: Seans! *Sos.* Is breá liom an t-am seo bliana. Nach bhfuil na dathanna dochreidte – corcra is oráiste? Chuile bhliain bím ag breathnú orthu, agus chuile bhliain éiríonn siad níos deise. An dtiocfaidh deireadh lena n-áilleacht choíche, meas tú?

MAIDHC: Na blianta ó shin bhínn ag breathnú ar na Cluichí Oilimpeacha. *Records* nua á gcruthú i ngach uile chomórtas. Fir is mná á mbrú féin chun tosaigh. Agus deirinn liom féin: cén uair a thiocfas deireadh leis seo uilig? Cén uair a bhainfidh siad an *record* is airde amach? Agus choinnínn orm ag *wonder*áil. Agus choinníodh siadsan orthu ag rith is ag snámh is ag léimt thar bharrannaí go dtí gur chuala mé faoi na drugaí, is faoi na h*anabolic steroids*.

CÓIRÍN: Is breá liom na bláthanna.

MAIDHC: Nach bhfuil a fhios a'm é?

CÓIRÍN: Agus is tusa an cara is fearr dá raibh riamh a'm.

Pógann MAIDHC *í.*

CÓIRÍN: Céard atá ar siúl a't?

Pógann MAIDHC *arís í.*

CÓIRÍN: Níl tú ag iarraidh chuile rud a scriosadh, an bhfuil?

MAIDHC: Níl, a stór, ach nach cuma faoin gcairdeas más féidir leis bogadh i dtreo eile? Más féidir linn tús a chur le ré úr?

CÓIRÍN: A Mhaidhc, céard atá á rá a't?

MAIDHC: B'fhéidir nár chóir dom é a lua ag am mar seo ...

CÓIRÍN: Ná bac liomsa.

MAIDHC: A Chóirín, tuigim an chaoi a mbraitheann tú th'éis bhás do mháthar, agus chuile shórt ...

CÓIRÍN: Tuigeann tú níos mó ná mar a thuigim féin.

MAIDHC: Ar thug tú faoi deara gurbh é uisce a bhí á ól a'm inniu?

CÓIRÍN: Níor thug mé faoi deara céard a bhí á ól a'm féin, fiú amháin.

MAIDHC: Ní raibh deoch a'm le seacht mbliana. Mé ag streachailt liom i rith an ama. Ag iascach. Ag tabhairt aire do na beithígh. Is mé sa mbaile chuile oíche – tá go leor curtha i dtaisce a'm.

CÓIRÍN: A Mhaidhc, cén fáth a bhfuil tú ag insint a leithéide dom? Ní bhaineann do ghraithe liomsa, beag ná mór.

MAIDHC: A Chóirín, is cuimhneach liom an lá ar chas tú an t-amhrán sin ag bainis Mary-Ann agus Pháid.

CÓIRÍN: Ócé, admhaím go raibh rud beag eadrainn ag an am.

MAIDHC: Is tuigim go bhfuil mé fós ruainne beag níos sine ná thú. Bhí tusa díreach th'éis an scoil a fhágáil an t-am sin, agus mise tríocha bliain d'aois.

CÓIRÍN: Níor tháinig aon athrú air sin. Tá tú fós dhá bhliain déag níos sine ná mé.

MAIDHC: Tá, ach muid ag dul in aois, ní hionann an difríocht sin.

CÓIRÍN: Ag dul i laghad atá sí?

MAIDHC: Bhuel, tá agus níl.

CÓIRÍN: Céard atá tú ag iarraidh a rá, a Mhaidhc? Caith amach é, in ainm Dé.

MAIDHC: A Chóirín, an bpósfaidh tú mé? Tá a fhios a'm go bhfuil tú óg, fós.

CÓIRÍN: (*go híorónta).* An bhfuil tú cinnte de sin? Mar ceapaimse féin go bhfuil mé róchríonna.

MAIDHC: Níl tú, a Chóirín. Níl tú pioc críonna. Is mise atá críonna caite. Ach tá go leor ban a phósann san am i láthair is iad sna tríochaidí. Sna seanlaethanta ní mar sin a bhíodh an scéal, ar ndóigh. Bhí tú ar an tseilf mura raibh tú pósta agus tú cúig bliana fichead d'aois.

CÓIRÍN: Ach tá na laethanta sin imithe.

Cuireann MAIDHC *a lámh timpeall a básta. Léimeann sise ina seasamh.*

CÓIRÍN: A Mhaidhc!

MAIDHC: Más é sin atá uait? *Sos.* D'fhéadfadh muid é a thógáil go mall réidh go bhfeicimid. *Sos.* Agus mura bhfuil tú ag iarraidh searmanas eile a fhulaingt. D'fhéadfadh muid bogadh isteach le chéile, gan fiú is labhairt leis an Athair Séamas.

CÓIRÍN: Muid soiprithe go te sa leaba le linn oícheanta fuara an Gheimhridh?

MAIDHC: Más é sin atá uait, a stór. Tá mé th'éis na blianta a chaitheamh ag fanacht leat. Do mháthair sínte agus chuile rud. (*go díograiseach*). Agus nár chuidigh mé libh sna blianta fada sin? Nár ghearr mé siar an sceach daoibh? Nár dheisigh mé an simléar théis na stoirme?

CÓIRÍN: Ná déan dearmad ar an móin.

MAIDHC: Bhí mé díreach ar tí an mhóin a lua.

CÓIRÍN: Is fíor duit, a Mhaidhc, chuidigh tú linn. Rinne tú níos mó dúinn ná mar a rinne éinne eile, mo dheirfiúr féin san áireamh. Agus tá mé fíorbhuíoch díot as an méid sin.

MAIDHC: Bheadh an-*time* go deo a'inn, a Chóirín. Tuigim go bhfuil an saol th'éis athrú as cuimse. Go mbíonn éilimh ag na mná anois nach mbíodh ag ár máithreacha. Bheifeá in ann na héilimh sin a shásamh.

CÓIRÍN: Is céard fút féin, a Mhaidhc?

MAIDHC: Tá mise togha, muis. Bíonn go leor le déanamh a'msa, a choinníonn ag imeacht mé.

CÓIRÍN: Níl tú ag freagairt na ceiste. Céard a bheadh ann duitse, sa bpósadh seo, nó sa *shack*áil-suas seo?

MAIDHC: Bheadh tusa ann. An bheirt a'inn le chéile. Faoi dheireadh.

CÓIRÍN: Mise ag breathnú i do dhiaidh?

MAIDHC: D'fhéadfá do gharraí beag a fhorbairt. Glasraí a chur ann. Nó luibheanna, dá mba mhian leat é – ach ní bheinn ag cur iallach ort. D'fhéadfá na glasraí a cheannach sa *supermarket*.

CÓIRÍN: D'fhéadfainn, is dócha.

MAIDHC: Agus fanfaidh mé glan amach ón deoch.

CÓIRÍN: Is mó an éacht atá curtha i gcrích a't – *fair play* duit!

MAIDHC: Ba ar do shonsa a rinne mé é, a Chóirín, is mé ag súil leis an lá seo.

Osclaíonn CÓIRÍN *cnaipí a gúna go mall. Breathnaíonn* MAIDHC *uirthi le hiontas agus le hainmhian.*

CÓIRÍN: Seans go mbeidh glasraí á gcothú amach anseo a'm, ach is é mo ghort féin a bheidh á threabhadh a'm.

MAIDHC: D'fhéadfainn cúnamh a thabhairt duit.

CÓIRÍN: A Mhaidhc, éist liom, agus éist liom go géar: níl mé chun mo theachsa a chur ar an margadh.

MAIDHC: Ní raibh mé ag iarraidh ...

CÓIRÍN: Níl mé chun an chuid eile dem shaol a chaitheamh ag breathnú i ndiaidh éinne eile.

MAIDHC: Ócé!

CÓIRÍN: An amhlaidh go gceapann daoine go bhfuil lipéad ar crochadh thart ar mo mhuineál a'm is na focail *'soft touch'* scríofa air i gceannlitreacha móra millteacha?

MAIDHC: Beag an baol.

Baineann CÓIRÍN *a gúna di.*

CÓIRÍN: Tá aiféala a orm, a Mhaidhc. Ní ortsa an locht, ach níl sé ar intinn a'm a bheith faoi chomaoin ag éinne eile amach anseo.

Isteach le CÓIRÍN *sa bhfarraige. Breathnaíonn* MAIDHC *ina diaidh, strainc air. Múchtar na soilse. Amach le* MAIDHC.

Gníomh a Dó

Radharc a hAon

An Trá

Lá garbh Fómhair

Toirneach, tintreach, agus báisteach. Uirlisí, trealamh, agus potaí beaga caite ar fud na háite. Isteach le RÉ, *é gléasta in oléadaí. Ritheann sé thart ag bailiú an trealaimh. Cloiseann sé osna is tugann* MAIDHC *faoi deara, é th'éis titim isteach sa bhfarraige.*

RÉ: Gabh i leith anseo!

MAIDHC: Á!

RÉ: Do lámh! Sín chugam do lámh.

MAIDHC: Áàá ...

RÉ: Chugam. Anseo. Do lámh. Gabh i leith!

Beireann RÉ *greim ar* MHAIDHC. *Tarraingíonn amach as an bhfarraige, casann thart é, is brúnn an t-uisce amach as a scamhóga.*

RÉ: Céard sa diabhal a bhí ar siúl a't?

MAIDHC: (*straois air*). Cé thusa?

RÉ: Céard a bhí ar siúl a't amuigh ar an bhfarraige ar lá mar seo?

MAIDHC: Cé thusa a bhí ag útamáil thart ar an trá ar lá mar seo?

RÉ: Cuirfidh mé scairt ar an otharcharr.

Déanann MAIDHC *iarracht éirí ina sheasamh.*

MAIDHC: Ná bac leis an *friggin'* otharcharr.

RÉ: Bhí an ceart a'm. Tá tú súgach.

MAIDHC: Nár ól tusa braon riamh?

RÉ: Mar a tharlaíonn, níor ól.

MAIDHC: Tuige?

RÉ: Cén mhaith atá sa bpórtar má fhágann sé mar seo thú?

MAIDHC: Aithním anois thú. Is tusa an fear a bhíonn ag guairdeall thart ag faire na bportán!

RÉ: Ré is ainm dom. Ré Breathnach

MAIDHC: Heileo! An-deas castáil leat, a Ré.

Éiríonn MAIDHC *ina sheasamh. De réir a chéile éiríonn an aimsir níos séimhe.*

RÉ: Is bitheolaí mara mé, a bhíonn ag déanamh taighde sa gceantar.

MAIDHC: Is mise Maidhc Ó Braonáin, iascaire áitiúil, a bhíonn ag déanamh taighde sa gceantar freisin. Ar na héisc. Is ar na gliomaigh. Inis dom, maith an fear, tuige a mbíonn sé chomh deacair sin breith orthu na laethanta seo?

RÉ: An bhfuil siad gann? Cé acu – na héisc, nó na gliomaigh?

MAIDHC: Tá siad uilig gann. Nach in a dúirt mé?

RÉ: Na bradáin san áireamh – an mbíonn sé deacair breith orthusan chomh maith?

MAIDHC: Tá séasúr na mbradán thart.

RÉ: *(Leabhar nótaí ina lámh aige).* Tá a fhios a'm go bhfuil, ach an raibh mórán acu sa gceantar i mbliana?

MAIDHC: Bhí slám acu thall ansin, san áit snámha, i lár an tSamhraidh. Thart ar dhá scór a bhí ann. Iad ag casadh timpeall is timpeall. Cloigeann i ndiaidh eireabaill.

RÉ: I ndáiríre? Cá as a dtáinig siad, meas tú?

MAIDHC: Nár éalaigh siad as an bhfeirm sin thall, muis? Bhí siad chomh *stupid* sin. Ní dhéanfadh gnáthbhradáin a leithéid, cuirfidh mé geall. Bheadh na gnáthbhradáin róghlic, má thuigeann tú leat mé?

RÉ: Ar mhiste leat má labhrann muid níos mó faoi seo?

MAIDHC: Ní miste, muis. Coinnigh ort ansin, a mhac. Nach bhfuil na hoícheanta fada Geimhridh amach romhainn? An bhfuil tú ag iarraidh *encyclopedia* a scríobh? Mar líonfadh an méid atá le rá a'msa scór leabhar, ar a laghad.

RÉ: Ar ball. Bheadh an-suim a'm an méid sin a chloisint. Ach nár chóir duit greadadh abhaile leat anois? Caillfear leis an bhfuacht thú agus na héadaí sin ort.

De réir a chéile bailíonn RÉ *an trealamh.*

MAIDHC: Céard fút féin, a mhac? Caithfidh go bhfuil tusa préachta chomh maith. Fuisce te an rud is fearr leis na cnámha a théamh. Bíonn tine bhreá sa bpub na laethanta seo. Ólfaidh tú ceann nó dhó liom?

RÉ: Ní fear óil mé, faoi mar a bhí mé ag rá.

MAIDHC: Céard a choinníonn ag imeacht thú?

RÉ: Mo jab. Cúrsaí mara.

MAIDHC: Ha!

RÉ: (*go magúil*). Glacaim vitimíní.

MAIDHC: Ní choinneoidh vitimíní ag imeacht thú – sa gceantar seo ar aon chaoi.

RÉ: Feicfimid. Ní choinneoidh fuisce thusa ag imeacht ach oiread.

MAIDHC: Feicfimid. Rud amháin eile – níl mé chun buíochas a ghabháil leat as mé a tharraingt amach as an bhfarraige. Mar níl mé buíoch.

RÉ: Cuimhneoidh mé air sin an chéad uair eile a fheicim ag titim isteach thú.

MAIDHC: Cuimhnigh, maith an fear.

RÉ: Níl tú ag iarraidh go sínfinn lámh chúnta i do threo?

MAIDHC: Níl. Má fheiceann tú istigh arís mé, fág ansin mé. Má fheiceann tú i mo luí ansin mé, caochta, is taoide thuile ag teannadh orm, fág ann mé.

RÉ: Ócé. Níl mé chun fiafraí díot cén fáth ar chóir dom tú a fhágáil ansin.

MAIDHC: Agus níl mise chun freagra a thabhairt duit.

RÉ: Oireann sé sin dom.

MAIDHC: Níl tú ag iarraidh a fháil amach cén fáth?

RÉ: Níl, muis. Faoi mar a bhí mé ag rá, níl suim a'msa ach i saol na mara. Sna portáin, is sna gliomaigh, is sna bairnigh. Go spesialta sna bairnigh – a nósanna giniúna.

MAIDHC: Tá suim a't breathnú ar na bairnigh is iad ag bualadh craicinn?

RÉ: Ní hin go díreach a dúirt mé

MAIDHC: Meas tú a bhfuil a nósanna siúd níos suimiúla ná nósanna mhuintir an phobail?

RÉ: Na créatúir – ní bhíonn siad ag clamhsán. Níl aon *hang-ups* acu ina dtaobh. Ach tá fadhb acu. Fadhb mhór mhillteach – toisc go mbíonn an oiread sin ceimicí sa bhfarraige na laethanta seo, bíonn gnéithe den dá ghnéas ar go leor acu.

MAIDHC: An dá rud ar aon bhairneach amháin?

RÉ: Ar m'anam, bíonn.

MAIDHC: Gabh i leith anois, an ionann sin is a rá go bhfuil cuid de na bairnigh ar an gcarraig sin thall in ann gabháil suas orthu féin? *Sos.* Na créatúir! Caithfidh sé nach bhfuil a fhios acu leath an ama, cé acu atá siad ag teacht nó ag imeacht. *Sos.* Bheadh an saol an-simplí, dá mb'amhlaidh don gcine daonna.

RÉ: Meas tú go mbeadh?

MAIDHC: Níl mise in ann na mná a thuiscint. Bíonn siad ina gcónaí ar phláinéad eile.

RÉ: Tú féin a dúirt é!

MAIDHC: Bhí mise i ngrá le bean – tá mise i ngrá le bean, ach scéal fada atá ann.

RÉ: Mholfainn duit deifriú leat abhaile is na héadaí sin a athrú.

MAIDHC: Ar ball, a mhac, ar ball.

RÉ: Is dócha go bhfeicfidh mé thart arís thú.

MAIDHC: Feicfidh, muis. Níl leigheas a'm air sin.

RÉ: Slán go fóill!

MAIDHC: Slán, a mhac, slán!

Amach le RÉ, *a threalamh ar iompar aige. Siúlann* MAIDHC *sa treo eile. Tá grian lag le feiceáil faoin am seo. Isteach le* CÓIRÍN, *í gléasta i gcóta mór agus i mbuataisí.*

MAIDHC: Níl tú ag dul ag snámh inniu, an bhfuil?

CÓIRÍN: Céard a tharla duitse?

MAIDHC: Tá an t-uisce sách te, bíodh a fhios a't, cé go bhfuil an fharraige garbh.

CÓIRÍN: Feicim go bhfuil sí garbh.

MAIDHC: Feiceann chuile dhuine é, seachas iad siúd atá caochta.

CÓIRÍN: A Mhaidhc, 'bhfuil cúnamh uait?

MAIDHC: Tá, a Chóirín. Tá cúnamh uaim. Tusa an t-aon duine ar féidir é a thabhairt dom.

CÓIRÍN: Ar chuimhnigh tú riamh ar chuidiú leat féin?

MAIDHC: Agus ansin – dá gcuideoinn? Céard a bheadh i ndán dom ansin?

CÓIRÍN: Tuigeann tú go maith céard a bheadh i ndán duit.

MAIDHC: Tuigeann, muis. Nach in í croílár na faidhbe!

Amach le MAIDHC *go mall réidh. Isteach de rúid le* CRÍONNA.

CRÍONNA: Bhí sé caochta. Faoi mar a bhíonn chuile lá.

CÓIRÍN: Céard é sin domsa?

CRÍONNA: Dheamhan tada! Ní bhaineann sé leatsa beag ná mór.

CÓIRÍN: An mbímsé thiar sa bpub chuile oíche á dhoirteadh síos a scornach?

CRÍONNA: Ní gá go mbeadh.

CÓIRÍN: Tá mé ag iarraidh bogadh ar aghaidh.

CRÍONNA: Agus tá cúrsaí ag dul i bhfeabhas, nach bhfuil? Bhí an ceart a't – bhí tú in ann dul ar ais ag múineadh. Is tá go leor daltaí a't anois. Gasúir dheasa a bhformhór.

CÓIRÍN: Iad cumasach leis.

CRÍONNA: Nár lagaí Dia iad! Agus ba dheas an t-amhrán a chas tú oíche rásaí na mbád. Chuile dhuine do do mholadh. Is mór an trua nach raibh Mam ann le héisteacht leat.

CÓIRÍN: Do mo cháineadh mar ba ghnách léi.

CRÍONNA: Tuige a mbíodh sí mar sin, meas tú?

CÓIRÍN: Ní raibh mé in ann é sin a thuiscint riamh.

CRÍONNA: Ní raibh tusa sách maith.

CÓIRÍN: Tá mé sách maith. Nár thaitin an t-amhrán sin le chuile dhuine?

CRÍONNA: Thaitin.

CÓIRÍN: Bhí a fhios a'm go dtaitneodh sé leo. Agus an lá dár gcionn, nuair a ghlaoigh Tadhg orm agus a d'fhiafraigh díom an gcasfainn ag an bPléaráca, ba ar éigean a bhí mé in ann é a chreidiúint.

CRÍONNA: Caithfidh sé go bhfuil tú go maith.

CÓIRÍN: Níl éinne go maith go ndeirtear leo go bhfuil. Ní fiú a bheith do do mholadh féin – caithfidh tú é a chloisint ó dhaoine eile.

CRÍONNA: Bhí cuma uafásach ar Mhaidhc an oíche chéanna.

CÓIRÍN: Bhuel, má bhíonn sé amuigh ar an *tear* chuile oíche …

CRÍONNA: Agus bíonn.

CÓIRÍN: Ní gá go mbeadh.

CRÍONNA: Seans go bhfuil ag éirí go geal leat féin, ach breathnaigh na créatúir thart ort – iad uilig ag titim ar nós scidilí. Nigel bocht sínte le *meningitis* istigh san ospidéal le seachtain anuas.

CÓIRÍN: Ní uaimse a tholg sé é.

CRÍONNA: Cé a dúirt le hÁine – níl ach mí imithe – 'dá mbeadh ort féin aire a thabhairt d'othar, thuigfeá go maith'?

CÓIRÍN: Níl baint ar bith idir an dá rud.

CRÍONNA: Ach nach bhfuil trua a't dóibh mar sin féin, do Nigel agus d'Áine?

CÓIRÍN: Tá trua a'm dóibh.

CRÍONNA: Áine bhocht – cé a chreidfeadh é?

CÓIRÍN: Níl baint ar bith a'msa leis an méid atá th'éis titim amach.

CRÍONNA: Ní ortsa an locht gur thit an tóin as comhlacht Phóil.

CÓIRÍN: Tá an geilleagar *frig*eáilte.

CRÍONNA: Aon seans, meas tú, go bhféadfadh sé an gnó a shábháil?

CÓIRÍN: Ní eacnamaí mise.

CRÍONNA: Cuir i gcás dá bhfaigheadh sé instealladh beag airgid?

CÓIRÍN: Níl mé chun an suíomh a dhíol.

CRÍONNA: Dá mbeadh luach an tsuímh acu cheana féin, seans nach mbeadh siad thuas *shit creek* anois.

CRÍONNA: Ní bhaineann sin liomsa beag ná mór. Níl mé ag iarraidh go dtógfaí teach úr béal dorais liom. Níl mé ag iarraidh go mbeadh comharsana úra a'm. Tuilleadh Gearmánach. Nó Francaigh. Nó, níos measa fós, séid-isteach éicint as Bleá Cliath.

CRÍONNA: Níl tú ag iarraidh tada, muis. Tá tú sona anois, cibé, agus is cuma sa tsioc leat faoi éinne eile. Faoi Phól, nó faoi Áine, nó faoi Nigel, agus maidir le Maidhc bocht – déan dearmad air.

CÓIRÍN: Fág é.

CRÍONNA: Níl sé pioc féaráilte go mbeadh chuile rud a'tsa fad is atá na scidilí ag titim thart ort.

CÓIRÍN: Tabhair dom liathróid ollmhór go gcríochnóidh mé an jab.

CRÍONNA: Tarlóidh rud uafásach duit, tá mé á rá leat.

CÓIRÍN: Ócé. Tiocfaidh muid ar réiteach. Tá ag éirí cuíosach maith liom anois agus, má éiríonn liom slí bheatha a bhaint amach sa gceol is san amhránaíocht, díolfaidh mé an deamhan suíomh agus tabharfaidh mé an t-airgead d'Áine. Agus rachaidh mé isteach ar cuairt chuig Nigel. Agus déarfaidh mé paidir ar a shon. An bhfuil tú sásta anois?

CRÍONNA: Ó, tá mise sásta, a Chóirín. Ach céard fút féin? An bhfuil tusa sásta? Níl, is ní bheidh go deo fad is a dhiúltaíonn tú do Mhaidhc bocht. An créatúr! Nach bhfuil sé soiléir go bhfuil sé i ngrá leat, go raibh riamh, is go mbeidh go deo?

CÓIRÍN: Dún suas do chlab.

Baineann CÓIRÍN *a cóta di. Tógtar isteach an bord agus na stólta. Isteach leis na haisteoirí eile (seachas* TARA*).*

An Teach Tábhairne

Tráthnóna Fómhair

Casann CÓIRÍN *an t-amhrán seo a leanas (port: I never will marry):*

Ní phósfaidh mé choíche, ní rachaidh sa mbaol,
Fanfaidh mé singil go deireadh mo shaoil.

Lá is mé ar seachrán thiar ar an trá,
Chuala mé ógbhean ag caoineadh a grá,
Ansin ina haonar ag sileadh na ndeor –
Í chomh huaigneach leis an aigéan ollmhór.

Ní phósfaidh mé choíche, ní rachaidh sa mbaol,
Fanfaidh mé singil go deireadh mo shaoil.

A leannán th'éis greadadh, a croí ina ghlac,
Ní fheicfidh sí arís é, an gadaí bradach.
Ansin ina haonar ag sileadh na ndeor –
Í chomh huaigneach leis an aigéan ollmhór.

Ní phósfaidh mé choíche, ní rachaidh sa mbaol,
Fanfaidh mé singil go deireadh mo shaoil.

Anuas léi go réidh ó bhalla an chuain,
Ag druidim a súl is ag imeacht chun suain.
Ansin ina haonar, na tonnta mar chór,
Í á halpadh ag an aigéan ollmhór.

Ní phósfaidh mé choíche, ní rachaidh sa mbaol,
Fanfaidh mé singil go deireadh mo shaoil.

Tá sliogáin na mara mar leaba a báis,
Na héisc ag tabhairt faoina lámh is a gnúis,
Ansin ina haonar, na tonnta mar chór
Í ag bun an aigéin ollmhóir.

Ní phósfaidh mé choíche, ní rachaidh sa mbaol,
Fanfaidh mé singil go deireadh mo shaoil.

Bualadh bos ó chuile dhuine. Croitheann MAIDHC *a lámh*

MAIDHC (*súgach go maith*): Nár lagaí Dia thú. Bhí tú ar fheabhas.

CÓIRÍN: Go raibh maith a't, a Mhaidhc.

MAIDHC: Chuirfeadh do ghuthsa gliondar ar ancaire, muis! *Sos*. Nach mbíonn an t-am seo bliana an-uaigneach go deo?

CÓIRÍN: Ná tosaigh air sin arís.

BEAN 1 : An mbeidh deoch a't, a Chóirín?

CÓIRÍN: Ar ball, go raibh maith a't.

FEAR 1: An mbeidh tú ag casadh anseo an Aoine seo chugainn?

CÓIRÍN: Beidh, le cúnamh Dé.

FEAR 1: Sin togha.

MAIDHC: Gabh mo leithscéal. A Ré, maith an fear, gabh i leith!

RÉ: By deaid! Tá an ceol go maith, nach bhfuil?

MAIDHC: Tá, muis.

RÉ: An bhfuil tú ag coinneáil go maith?

MAIDHC: Ag streachailt liom, mar is gnách.

RÉ: Nach bhfuil guth iontach ag an mbean sin?

MAIDHC: An guth is binne sa taobh seo tíre.

RÉ: Comhghairdeas leat!

CÓIRÍN: Go raibh maith a't.

Cé gur staonaire é RÉ, *is tarraingteach an fear é, agus bíonn ceimic le sonrú idir é féin agus* CÓIRÍN *a luaithe a chastar ar a chéile iad.*

RÉ: An mbíonn tú ag casadh anseo go hiondúil?

CÓIRÍN: Chuile Aoine.

RÉ: Déanfaidh mé nóta de sin. Tuige nár chuala mé faoi na seisiúin seo cheana?

MAIDHC: Mar go raibh tú róchruógach ag breathnú i ndiaidh

na bportán is i ndiaidh na ngliomach. *Sos.* 'Bhfuil aithne a't ar Chóirín, a Ré?

RÉ: Níor cuireadh in aithne dá chéile muid.

CÓIRÍN: Tá súilaithne a'm ort. Bíonn tú ag obair thíos ar an trá.

RÉ: Is tusa an bhean a bhíonn ag dul thar bráid? Níor aithin mé thú gan do chóta mór.

CÓIRÍN: Céard a bhíonn á dhéanamh a't leis na buidéil bheaga sin?

MAIDHC: Bíonn sé ag breathnú ar na bairnigh is iad ag gabháil suas orthu féin.

RÉ: Bím ag déanamh staidéir ar na bairnigh, ar a nósanna maireachtála.

CÓIRÍN: Faoi mar a bhíonn Dia na Glóire ag breathnú anuas orainne!

MAIDHC: Meas sibh an mbíonn Dia na Glóire ag breathnú orainne is muid ag bualadh craicinn, leabhar nótaí ina ghlac aige, chuile rud á bhreacadh síos aige?

RÉ: Tá a fhios a't go maith, a Mhaidhc, nach mbíonn. An ólfaidh tú deoch, a Chóirín?

CÓIRÍN: Beidh *spritzer* a'm, led thoil.

RÉ: Níl mórán taithí a'm ar na deochanna seo.

CÓIRÍN: Nach nglacann tú deoch?

MAIDHC: Fear as féin atá a'inn anseo.

RÉ: *(ag gáire).* Tá mé ag iarraidh aire a thabhairt dom féin agus mé ag dul in aois.

Faigheann RÉ *deoch do* CHÓIRÍN.

BEAN 1: Tá ag éirí go breá le Niamh ar an bhfeadóg.

CÓIRÍN: Is cumasach an cailín í.

BEAN 1: Is cumasach an múinteoir atá aici. Is breá liom na polcaí a bhíonn á gcasadh aici.

Tugann RÉ *an deoch do* CHÓIRÍN.

RÉ: Is maith a thuigim gur *non starter* é nuair a deirim nach n-ólaim. Ní chaithim, ach oiread. Tá a fhios a't anois.

CÓIRÍN: Tá a fhios.

RÉ: Tá mo rúndiamhra uilig cloiste a't.

CÓIRÍN: Ba mhinic dom rúndiamhra a chloisint a bhí i bhfad níos measa ná iad.

RÉ: An miste leat má chuirim ceist?

CÓIRÍN: Ní miste.

RÉ: Aon uair a chonaic mé thú – bhí tú i gcónaí id aonar?

CÓIRÍN: Is maith liom mo chomhluadar féin.

RÉ: Ar mhaith leat dá mbeadh comhluadar eile a't ó am go ham?

CÓIRÍN: Braitheann sé.

RÉ: An méid a bhí le rá a't san amhrán – ní fíor é?

CÓIRÍN: Seanbhailéad atá ann.

RÉ: Agus mise ag ceapadh go raibh scabhaitéir éicint th'éis do chroí a bhriseadh.

CÓIRÍN: Ní fhéadfadh éinne mo chroíse a bhriseadh.

RÉ: Bheadh sé deacair é a shamhlú – bean óg cosúil leatsa dod chaitheamh féin isteach sa bhfarraige.

CÓIRÍN: Tarlaíonn sé scaití.

RÉ: Deirtear gur bás uafásach é, an bá.

CÓIRÍN: Chuala mise go gcloistear cloigíní ag bualadh, maighdeana mara ag casadh, Mannanán Mac Lir ag bualadh drumaí.

RÉ: Ach ní bheidh tú ag fáil amach cé acu an fíor, nó nach fíor é.

CÓIRÍN: Ní dóigh liom é.

RÉ: *Sos.* An mbeadh suim a't teacht amach liom oíche éicint?

CÓIRÍN: Le haghaidh deoch?

RÉ: Le haghaidh béile.

CÓIRÍN: Agus níl sé ar intinn a't mo chroí a bhriseadh?

RÉ: Ní dóigh liom é.

CÓIRÍN: Ócé, mar sin. Tá bialann éisc nua th'éis oscailt in aice na trá.

RÉ: Feoilséantóir mise.

CÓIRÍN: Is breá liomsa stéig nó iasc. Agus *chips*. Le h*onion rings*.

RÉ: Is cosúil go bhfuil a lán difríochtaí eadrainn.

Tosaíonn RÉ *ag casachtach.*

CÓIRÍN: Nach breá suimiúil an fhadhb í sin? *Sos.* Gabh i leith, cheap mé go raibh tú ag iarraidh aire mhaith a thabhairt duit féin?

RÉ: Níl mé in ann fáil réidh leis an slaghdán seo. Tháinig sé orm an lá ar tharraing mé mo dhuine amach as an uisce.

CÓIRÍN: Maidhc Ó Braonáin. An t-am ar thit sé isteach?

RÉ: Sea. 'Bhfuil aithne a't air?

CÓIRÍN: Tá aithne a'm ar chuile dhuine beo thart anseo, agus aithne ag chuile dhuine beo ormsa.

RÉ: Chuile dhuine seachas an séid-isteach seo.

CÓIRÍN: Nach bhfuilim ag cur aithne ort anois?

RÉ: Amárach ar a hocht mar sin?

CÓIRÍN: Bheadh sin togha.

Múchtar na soilse. Amach le chuile dhuine.

RADHARC A TRÍ

An Trá

Lá Breá Fómhair

Ardaítear na soilse. Isteach le CÓIRÍN *(málaí siopadóireachta ar iompar aici) is le h*ÁINE, *iad ag siúl go mall réidh.*

ÁINE: Bhí ríméad ar Nigel tú a fheiceáil.

CÓIRÍN: Agus ríméad ormsa eisean a fheiceáil ag teacht chuige féin.

ÁINE: Tá coirnéal casta aige, buíochas le Dia. *Sos.* B'in é bád Mhaidhc thall?

CÓIRÍN: Tá a bhádsan scriosta.

ÁINE: Cén chaoi?

CÓIRÍN: Agus fuair an tAthair Séamas bás. Agus Iníon Uí Riain, go ndéana Dia trócaire ar a hanam dílis!

ÁINE: Léigh mé fúthu ar an bpáipéar. *Sos.* Nach mbíonn sé fiáin an t-am seo bliana!

CÓIRÍN: A Áine, is cuma sa tsioc leatsa faoi mhuintir na háite seo. Nach cuimhneach leat dhá mhí ó shin, ar shochraid ár máthar – bhí tú ag caitheamh anuas ar chuile rud sa gceantar. Bhí cúrsaí chomh dona sin, dar leat, gur chóir dom an áit a thréigean. Ar an bpointe boise. Gur chóir dom an teach a dhíol.

ÁINE: Seans go raibh mé rósciobtha. Ag tabhairt nósanna na cathrach anoir liom.

CÓIRÍN: *Sos.* Is breá liom an t-am seo bliana. É fiáin, ach an ghrian ag tabhairt ruathair amach ó am go ham.

ÁINE: Tuigim anois nach dtréigfidh tú an áit seo choíche. Ní thuigim cén fáth, ar ndóigh, ach tuigim go bhfaighfeá bás dá mbeadh ort cur fút in aon áit eile, gan do chairde. Dála an scéil, cén chaoi a bhfuil Maidhc?

CÓIRÍN: Ní bhíonn sé ag aireachtáil go rómhaith.

ÁINE: Cinnte ní bhíonn agus tusa th'éis diúltú dó. Bím imníoch fút, mar sin féin.

CÓIRÍN: Níl mise pioc cosúil le Mam.

ÁINE: Agus Maidhc?

CÓIRÍN: Nach bhfuil aon phort eile a't? *Sos.* Ní bhíonn Maidhc ag aireachtáil go maith mar go mbíonn sé amuigh ar an *tear* chuile oíche. Tá an díon ar a theach ag titim anuas. Na fuinneoga lofa. Cén chaoi a bhfuil cúrsaí leat féin?

ÁINE: Níos measa ná mar a bhí riamh.

CÓIRÍN: Nach bhfuil Nigel ag teacht chuige féin?

ÁINE: Tá, buíochas le Dia. Ach tá comhlacht Phóil i gcruachás. Beidh air chuile rud a *wind*eáil suas is dul ar an dól, mura bhfaigheann sé cúnamh airgid.

CÓIRÍN: Seans go raibh mise rósciobtha anuraidh. Tá cinneadh déanta anois a'm, ar aon chaoi. Ní raibh mé chun é a lua ...

ÁINE: Coinnigh ort

CÓIRÍN: Tá mé chun an suíomh a dhíol. Tá tairiscint mhaith faighte a'm. Gheobhaidh na gasúir an t-airgead.

ÁINE: Ní chreidfidh tú go deo cé chomh buíoch is atá mé.

CÓIRÍN: Íocfaidh sé as na ceachtanna ceoil. As na ríomhairí. Is chuile shórt eile a bheidh ag teastáil le go mbeidh na deiseanna acu nach raibh a'inn féin agus muid ag fás aníos. Ar choinníoll amháin.

ÁINE: Bhí a fhios a'm go mbeadh bac éicint ag baint leis.

CÓIRÍN: Gheobhaidh siad an t-airgead mura gcuirtear chuig scoil phríobháideach iad.

ÁINE: Ach a Chóirín ... Ócé, glacfaidh siad leis. Agus buíochas.

CÓIRÍN: Ach níl mé chun an teach beag sin thall a dhíol. Ná é a ligean. Tá mé chun fanacht ann go deireadh mo shaoil.

Isteach le RÉ, *a ghnáth-threalamh ar iompar aige. Pógann sé* CÓIRÍN.

RÉ: A Chóirín!

CÓIRÍN: A Ré!

ÁINE: (*le hiontas*). Heileo!

CÓIRÍN: A Áine, seo é Ré, cara liom. Ré Breathnach. A Ré, seo í mo dheirfiúr, Áine.

RÉ: An-deas castáil leat, faoi dheireadh, a Áine.

ÁINE: Agus leatsa, a Ré.

RÉ: Tá an oiread sin cloiste a'm fút.

ÁINE: (*go bréagach*). Agus a'msa fútsa.

RÉ: Níl na gasúir in éindí leat?

ÁINE: Níl, muis.

RÉ: Cén chaoi a bhfuil Nigel?

ÁINE: Togha, go raibh maith a't.

CÓIRÍN: Is bitheolaí mara é Ré a bhíonn ag obair sa gceantar. *Sos.* Tá sé go maith a'inn druidim.

RÉ: Beidh mé libh ar ball. Caithfidh mé rud nó dhó a sheiceáil anseo.

Ar aghaidh le RÉ *ag tabhairt faoina chuid oibre.*

ÁINE: *Wow*! Cérbh é an fear sin?

CÓIRÍN: Nár inis mé duit?

ÁINE: Agus an bheirt agaibh?

CÓIRÍN: Sea.

ÁINE: Cén uair?

CÓIRÍN: Cúpla seachtain ó shin.

ÁINE: Focal níor dhúirt tú.

CÓIRÍN: Níor fhiafraigh tú díom.

ÁINE: Tá sé an-deas, caithfidh mé a rá.

CÓIRÍN: Meas tú go bhfuil?

ÁINE: Ach amháin go bhfuil sé ruainne beag mílítheach.

Íslítear na soilse. Amach leo.

An Trá

Oíche Shamhna

Ardaítear na soilse. Isteach le gach éinne. Ceol, craic, agus rince seit. Scaipeann an slua. Síos i dtreo na farraige le CÓIRÍN *agus le* RÉ, *giúmar éadrom cliúsaíochta orthu, málaí móra éadaí agus ordnáidí ar iompar acu.*

CÓIRÍN: Tá sé thar am a'm é seo a dhéanamh.

RÉ: Má tá tú cinnte faoi – ní hé go bhfuil mé ag iarraidh iallach a chur ort ná tada.

CÓIRÍN: An rud atá thart, tá sé thart.

RÉ: Is maith liom thú nuair a bhíonn tú mar sin – ceanndóchasach.

Lasann RÉ *tine.*

CÓIRÍN: Agus amanntaí eile?

RÉ: D'fhéadfainn tú a alpadh.

CÓIRÍN: Na hamanntaí sin?

RÉ: Chuile lá is chuile oíche – ó tharlaíonn go bhfuil an cinneadh seo déanta a't.

CÓIRÍN: An cinneadh ceart, faoi dheireadh.

RÉ: Bíonn sé deacair tú a dhéanamh amach, scaití.

CÓIRÍN: Cén chaoi?

RÉ: Níl a fhios a'm – rudaí a deir tú – go minic braithim go bhfuil tú th'éis dianmhachnamh a dhéanamh ar chuile fhocal orthu sul má thagann siad amach as do bhéal.

CÓIRÍN: Cuireann tú iontas orm.

RÉ: Buel, mar shampla mhol mé duit ar maidin go mb'fhéidir go mba chóir duit do theach a phéinteáil.

CÓIRÍN: Agus nár chóir dom?

RÉ: Gan dabht. Ach an chaoi ar fhreagair tú mé – leis an eolas sin uilig faoi dhathanna – *soft peach* nó *dawn blush*. Is praghas na péinte, agus cérbh iad na siopaí arbh fhearr na scuaba a cheannach iontu.

CÓIRÍN: An fadhb í sin?

RÉ: Déanann sé níos tarraingtí thú.

Suíonn siad. Pógann siad a chéile. De réir a chéile caitheann siad a bhfuil sna málaí ar an tine.

RÉ: A Chóirín, an raibh tú riamh i ngrá cheana?

CÓIRÍN: Cé atá ag rá go bhfuilim i ngrá anois?

RÉ: Cheap mé …

CÓIRÍN: Ní bhíodh an t-am a'm, riamh cheana. Bhíodh orm chuile rud a phleanáil – go speisialta rudaí a bhain le cúrsaí airgid.

RÉ: Ní gá duit a bheith imníoch fúthu siúd níos mó.

Leanann an tsuirí.

CÓIRÍN: Céard fútsa, a Ré?

RÉ: Is maith is eol duit, an chaoi a mbím ag pleanáil cúrsaí.

CÓIRÍN: An raibh tú i ngrá cheana?

RÉ: I ngrá? Mise? *No*, ní raibh.

CÓIRÍN: Ach bhí caidreamh a't, le mná eile?

RÉ: Tá na laethanta sin thart.

CÓIRÍN: Ní minic a labhraíonn tú faoi na laethanta sin – faoi do shaol go dtí seo.

RÉ: Dheamhan tada atá le rá faoi. *Sos.* Ná bíodh imní ort – cúrsaí oibre a choinnigh ag imeacht go dtí seo mé – táim ag obair don ollscoil ó bhain mé mo chéim amach.

CÓIRÍN: Bhí suim a'msa riamh i gcúrsaí mara.

RÉ: Cén saghas duine ab ea do mháthair?

CÓIRÍN: Bhí sí dathúil. Agus cliste. Suim aici i gcúrsaí reatha. Í i gcónaí ag léamh na nuachtán agus ag éisteacht leis an *News*. Ach níorbh as an áit seo í. Níor éirigh léi cur fúithi anseo.

RÉ: Oíche Shamhna. Oíche na bPúcaí. Meas tú an mbeidh sí abhus anseo anocht?

CÓIRÍN: Ní bheadh a fhios a'm.

RÉ: B'in í a lámh ag tarraingt amach an ghúna sin.

CÓIRÍN: Stop, a Ré. *Sos.* Déarfainn go bhfuil sí sona anois, cibé ait a bhfuil sí – thall, is dócha!

RÉ: Tá tú cinnte go bhfuil tú ag iarraidh fáil réidh leis seo?

CÓIRÍN: Tá.

RÉ: Le chuile rud?

CÓIRÍN: Tá cúpla rud beag curtha i dtaisce a'm. Grianghraif. Cairdeagan a cheannaigh mé arú anuraidh di. Chonaic sí i gcatalóg é agus thaitin sé léi. Níor chaith sí riamh é. Dúirt sí go gcaithfeadh sí é nuair a thiocfadh biseach uirthi. Agus culaith snámha a cheannaigh mé as an gcatalóg chéanna di – bhí sí i gcónaí ag rá go raibh sí chun teacht anuas anseo agus luí faoin ngrian. Choinnigh mé a fáinne pósta freisin. Thug mé an seodra eile – sreang péarlaí is crois óir – d'Áine.

RÉ: Tuige ar choinnigh tú an fáinne pósta?

CÓIRÍN: Níl a fhios a'm go baileach.

RÉ: D'fhéadfá do cheann féin a fháil.

CÓIRÍN: Cén chaoi?

RÉ: A Chóirín, tá a fhios a't go maith an chaoi a mbraithim fút.

CÓIRÍN: *Sos.* Braithim slán sábháilte agus tú ag útamáil sa gcistin ar maidin.

RÉ: Tá tú i ngrá liom mar go mbím ag útamáil sa gcistin ar maidin?

CÓIRÍN: Níor bhraith mé mar seo riamh cheana.

RÉ: Níor chas mise le héinne riamh cheana a raibh suim aici i gcúrsaí mara, faoi mar atá a'tsa. *Sos.* Agus is maith leat na béilí nach bhfuil feoil ná iasc iontu.

CÓIRÍN: Níl caill ar bith orthu, caithfidh mé a rá.

RÉ: Braithim, scaití – ná bí ag magadh fúm …

CÓIRÍN: Cé, mise? Ag magadh fútsa?

RÉ: An gcreideann tusa in anamchairde?

CÓIRÍN: Púcaí eile, an ea?

RÉ: B'fhéidir é.

CÓIRÍN: Creidim in anamchairde, ceart go leor.

RÉ: Ach ní dóigh leat go bhfuil aithne curtha fós a't ar d'anamchara?

CÓIRÍN: Is breá liom a bheith in éindí leat. Tusa an duine is tábhachtaí ar an domhan seo, chomh fada is a bhaineann sé liom.

RÉ: Ní fhéadfainn aghaidh a thabhairt ar an saol dá dtarlódh aon cheo duit. Dá n-imreodh éinne éagóir ort. Tá mé ag iarraidh go mbeifeá sona. Níos sona ná aon bhean eile ar domhan.

CÓIRÍN: Agus tá mise ag iarraidh go mbeifeása sona.

RÉ: An bhfuil sé ar intinn a't na hornáidí seo a dhó freisin?

CÓIRÍN: Tá. Chuile dheamhan rud.

RÉ: D'fhéadfainn iad a thabhairt isteach go hOxfam – le cuidiú leis an tríú domhan.

CÓIRÍN: Ní fhéadfadh na seanrudaí gránna seo cuidiú leo siúd atá ag fáil bháis den ocras.

RÉ: Caith anall chugam iad. *Sos.* Tá tú cinnte faoi seo? Tusa go speisialta?

CÓIRÍN: Mise go spesialta céard?

RÉ: Tusa atá chomh piseogach sin.

CÓIRÍN: Tá claochlú ag teacht orm. Nár thug tú faoi ndeara é?

RÉ: Thug, muis.

CÓIRÍN: Caithfidh mé é seo a dhéanamh. Caithfidh mé fáil réidh leis na púcaí seo. *Sos.* Níl aon phúcaí a't féin, an bhfuil?

RÉ: Nár dhúirt mé nach raibh?

CÓIRÍN: Is annamh a chastar ar fhear nach bhfuil bagáiste aige.

RÉ: Is é mo mhála droma an t-aon bhagáiste atá a'msa.

CÓIRÍN: Táim ag brath air sin.

RÉ: Chuile mhaidin, nuair a dhúisím, agus mé thall sa *mobile home,* ní bhogaim an dallóg le fáil amach ar éirigh an ghrian, nó ní bhím ar bís le fáil amach cén chaoi a bhfuil an aimsir. Bím ag cuimhneamh ortsa. Agus na hoícheanta a chaithim le do thaobh, dúisím, agus breathnaím ort i do chodladh go sámh. Agus nuair nach mbím ann, bím ar bís le tú a *ring*eáil. Le do ghuth a chloisint. Mé ag súil le tiomáint anall anseo, teacht ort amuigh ag siúl. Nó tú a fheiceáil thíos, do bhaclainn lán le móin. Nó amuigh i do gharraí ag faire do luibheanna, nó na síolta atá curtha a't le deireanas.

CÓIRÍN: Nuair a dhúisímse ar maidin casaim thart, agus na hoícheanta a chaitheann tú liom – nuair a airím an adhairt fhuar fholamh taobh liom, agus a chloisim ag útamáil sa gcistin thú, bíonn a fhios a'm go bhfuil an tráidire ar a bhealach chugam. Tae agus tósta agus sú oráiste air. Agus na hoícheanta a chaitheann tú thall sa *mobile home,* bím ar bís le tú a fheiceáil. Bím ag rith amach im *nightie,* nó mé leathghléasta ag bailiú móna, nó ag faire na luibheanna, nó na síolta – díreach chun sracfhéachaint a fháil díot. Agus an bhfuil a fhios a't, a Ré?

RÉ: Céard é féin, a Chóirin?

CÓIRÍN: Na síolta sin – is iadsan na síolta a dtugtar an aire is fearr sa tír seo dóibh.

RÉ: Ach?

CÓIRÍN: Ní gá an rud nach bhfuil briste a dheisiú.

RÉ: Ach an ndéanfaidh tú machnamh faoin gceist?

CÓIRÍN: Tabhair geallúint dom.

RÉ: Aon cheo.

CÓIRÍN: Ná lig don rud céanna tarlúint dom.

RÉ: Ní tharlóidh a leithéid duit.

CÓIRÍN: Ach má tharlaíonn?

RÉ: Ná bí amaideach.

CÓIRÍN: Tabhair geallúint dom nach ligfidh tú duit féin aire a thabhairt dom.

RÉ: Aire a thabhairt duit?

CÓIRÍN: Má éirím tinn, tabhair cúnamh dom deireadh a chur leis.

RÉ: Ná habair rudaí mar sin

CÓIRÍN: A Ré, tabhair geallúint dom.

RÉ: Ócé, ócé, geallaim duit. Má bhuaileann aon cheo uafásach thú, agus ní bhuailfidh, tabharfaidh mé cúnamh duit imeacht uaim … ar choinníoll amháin.

CÓIRÍN: Céard é sin?

RÉ: Go ndéanfaidh tusa an rud céanna domsa.

CÓIRÍN: Ná bí ag magadh fúmsa!

RÉ: Tabhair geallúint dom. Is maith is eol dom an dochar a dhéanfaí duit, dá n-éireoinn tinn, dá mbeadh ort an chuid eile ded shaol a chaitheamh ag tabhairt aire dom.

CÓIRÍN: Nach muide atá gruama!

RÉ: A Chóirín?

CÓIRÍN: Más é sin atá uait.

RÉ: Is é.

Pógann is fáisceann siad a chéile. Múchtar na soilse. Amach leo.

Briseadh

GNÍOMH A TRÍ

RADHARC A hAON

An Trá

Lá Bealtaine

Ardaítear na soilse. Isteach de rúid le CÓIRÍN, CRÍONNA *ina diaidh. D'fhéadfadh adhraitheoirí gréine dul thar bráid / luí faoin ngrian sa radharc seo.*

CRÍONNA: *Go on.*

CÓIRÍN: *No.*

CRÍONNA: Tá faitíos ort. Eisean an chéad fhear a thug aire duit. Duine dáiríre é. Glac leis, *go on.*

CÓIRÍN: *Sos.* Tá faitíos orm.

CRÍONNA: Bhí muid thíos an bóthar seo cheana. Creideann sé ionat. Tá tú sona. Is na blianta fada sona ag síneadh amach romhat. Tá do bhád th'éis teacht isteach. *Sos.* Ach bí cúramach!

CÓIRÍN: Níl bac ag baint leis, an bhfuil, meas tú?

CRÍONNA: Seans go bhfuil rud beag amháin ann – níl a fhios a'm go baileach céard é féin.

CÓIRÍN: Tá mé ag iarraidh a chreidiúint go bhfuil chuile rud togha.

CRÍONNA: *Land*áil tú ar do chosa. Faoi dheireadh. Bíodh áthas ort. Fág na ceisteanna i leataobh. Abair leis go ngabhfaidh tú suas chuig an altóir leis, gurb é d'anamchara é. *Go on.*

CÓIRÍN: Seans nach é m'anamchara é.

CRÍONNA: An t-amhras sin ort fós? Murab eisean d'anamchara, cé hé féin? Maidhc, seans?

CÓIRÍN: Beag an baol.

CRÍONNA: Tá sí marbh le hocht mí.

CÓIRÍN: Ócé, ócé! Glacfaidh mé leis. 'Bhfuil tú sásta anois?

Isteach le TARA, *mála droma ar iompar aici. Breathnaíonn sí ar* CHÓIRÍN *le hiontas (Ar ndóigh ní fheiceann sí* CRÍONNA*).*

CRÍONNA: Bheadh bainis earraigh go deas.

CÓIRÍN: Bhí mé ag ceapadh go mbeinn in ann fáil réidh leatsa faoin am seo. *Sos.* Dá mbeinn sásta, i ndáiríre, bheinn in ann brath orm féin. Ní bheadh orm chuile rud a phlé leatsa ó mhaidin go hoíche.

CRÍONNA: Is deacair fáil réidh le sean-nósanna. Abair leis ...

CÓIRÍN: Ócé, ócé!

Amach le CÓIRÍN *agus le* CRÍONNA. *Breathnaíonn* TARA *i ndiaidh* CHÓIRÍN *is croitheann a cloigeann. Leathann sí brat ar an talamh, luíonn síos agus glacann staidiúir yoga. Isteach le* hÁINE, *ag breathnú ar* TARA *amhail is gur gealt í; suíonn ar charraig agus léann iris.*

TARA: Coinnigh ort ansin, más mian leat.

ÁINE: Gabh mo leithscéal?

TARA: Bhí tú ag caint leat féin, nach raibh?

ÁINE: Bhí mé ag léamh.

TARA: Ní raibh an chosúlacht sin air.

ÁINE: Tuige a ndéanfainn a leithéid?

TARA: Is cuma sa tsioc liomsa más mar sin a chaitheann muintir na háite a gcuid ama.

ÁINE: Go raibh maith a't as cead a thabhairt dom, ach bíonn an oiread sin daoine ag labhairt liom go hiondúil – le héileamh amháin, nó le héileamh eile – gur breá liom a bheith in ann suí anseo im aonar, i mo thost.

TARA: Bhí bean anseo nóiméad ó shin – í ag argóint léi féin. 'Bhfuil teach gealt sa gceantar?

ÁINE: Níl – mura bhfuil siad th'éis ceann a thógáil.

TARA: Bhí mé ag ceapadh go mb'fhéidir go raibh sí th'éis éalú as institiúid éicint. Mar ní raibh sí ar a ciall. Bhí sí *totally* as.

ÁINE: Agus mise ag ceapadh go mb'fhéidir go raibh siad th'éis institiúid éicint a thógáil sa gceantar nuair a chonaic mise ógbhean sínte thíos uaim, a cosa thaobh thiar dá cloigeann.

TARA: B'in *yoga*. Is múinteoir mé.

ÁINE: Nach bhfuil tú an-óg le bheith id mhúinteoir?

TARA: Tá mé sách sean le haire a thabhairt dom féin – le slí bheatha a bhaint amach. Tá mé díreach th'éis filleadh ón Astráil.

ÁINE: Ón Astráil? Cuireann tú iontas orm.

TARA: Ní raibh aon rogha a'm – chaith mo mháthair amach as an teach mé arú anuraidh.

ÁINE: Caithfidh sé go raibh sé sin dian ort.

TARA: *Sos.* Tá *toyboy* nua aici faoi láthair.

ÁINE: Céard faoi d'athair?

TARA: Cloisim go bhfuil cónaí air sa gceantar seo.

ÁINE: Mar sin é?

TARA: Dúirt sise liom go raibh sé marbh.

Filleann TARA *an brat.*

TARA: Fuair mé amach anuraidh go raibh sé beo beathaíoch, agus conaí air thiar anseo.

ÁINE: Déarfainn go bhfuil go leor fear sa gceantar ag tnúth leis an gcnag ar an doras, leis an gcur síos ar an oíche úd scór blianta ó shin a raibh siad caochta agus nach cuimhneach leo tada fúithi. Is le castáil le torthaí na hoíche sin. *Sos.* Cén áit a bhfuil tú ag fanacht?

TARA: Braitheann sé.

ÁINE: Má tá tú ag iarraidh B & B gheobhaidh tú seomra sa bpub sin thall.

TARA: Fanfaidh mé le m'athair. Beidh áthas air mé a fheiceáil. *Sos.* Ní ón gceantar seo é. Bhog sé amach anseo anuraidh.

ÁINE: Is cuimhneach liom anois. Bhí tusa anseo anuraidh.

TARA: Bhí – sula ndeachaigh mé chuig an Astráil. Chuala mé go mbeadh sé anseo – b'in a dúirt siad liom ag an ollscoil, ach ba chosúil go raibh sé ar saoire ag an am – gur ghlac sé sos sular thosaigh sé. Ré is ainm dó. Ré Breathnach. Ar chuala tú trácht air?

ÁINE: Ré, a deir tú? Ré Breathnach?

TARA: Sea.

ÁINE: Tá mé ag ceapadh gur chuala.

Fanann an bheirt ar an stáitse, TARA *ag pacáil a mála.*

An Teach Tábhairne

Lá Bealtaine

Isteach leis an gcuid eile den bhfoireann. Tógtar isteach an bord is na stólta.

RÉ: Níl mé ag iarraidh brú a chur ort.

CÓIRÍN: Tá mo mhachnamh déanta a'am. *Sos.* Glacaim leat.

Bogann ÁINE *ina dtreo.*

ÁINE: A Chóirín, gabh i leith!

CÓIRÍN: A Áine, ní chreidfidh tú an méid atá le hinseacht a'm duit.

ÁINE: Ná a'msa duitse.

CÓIRÍN: Agus ná bíodh aon imní ort faoi na gasúir – tá chuile rud saighneáilte a'm.

ÁINE: Sin togha, ach …

CÓIRÍN: Labhair mé leis an aturnae inniu. Beidh an seic a't amárach.

ÁINE: A Chóirín, tá aiféala orm, má bhí mé cantalach anuraidh, maith dom é. Ach caithfidh mé a rá …

CÓIRÍN: Ní gá tada a rá.

ÁINE: An t-am a raibh Nigel tinn – b'ansin a thuig mé an saghas saoil a bhí a't go dtí seo. An obair a bhain leis an tinneas – agus ar a laghad bhí Nigel buíoch as an méid a rinne mé ar a shon.

CÓIRÍN: Agus tá biseach air anois, nach bhfuil?

ÁINE: Tá.

CÓIRÍN: Agus tá aiféala ormsa má bhí mise cantalach leatsa. Murar thug mé tacaíocht duit nuair a bhí na fadhbanna sin ag Pól. Ach tá dea-scéal a'm – rud do-chreidte.

Tosaíonn an ceol agus is gá do CHÓIRÍN *í féin a ullmhú dá hamhrán.*

ÁINE: A Chóirín, fan nóiméad!

CÓIRÍN: Ar ball, a Áine, ar ball.

Casann CÓIRÍN *an t-amhrán seo a leanas (port: 'When I was single'):*

Nuair a bhí mise singil do chaithinn bréidín,
Anois is mé pósta ní chaithim aon ní,
Ach fós táim i ngrá leis is maithfidh dó é,
Níl locht ar bith air ag deireadh an lae.

Tháinig chun an bhaile do m'iarraidh amach,
Is bhí eireaball a léine ag gobadh amach,
Ach fós táim i ngrá leis is maithfidh dó é,
Níl locht ar bith air ag deireadh an lae.

Fuair airgead ar iasacht le fáinne a cheannach dom,
Away leis ar an *tear* is mo mhéirín bocht lom,
Ach fós táim i ngrá leis is maithfidh dó é,
Níl locht ar bith air ag deireadh an lae.

Cheannaigh flaigín fuisce is d'ól as a neart,
Is mise sa bhaile, stiúgtha leis an tart,
Ach fós táim i ngrá leis is maithfidh dó é,
Níl locht ar bith air ag deireadh an lae.

Nuair a bhí mise singil do chaithinn bréidín,
Anois is mé pósta ní chaithim aon ní,
Ach fós táim i ngrá leis is maithfidh dó é,
Níl locht ar bith air ag deireadh an lae.

Bualadh bos ó chuile dhuine ag deireadh an amhráin. Ritheann TARA *suas chuig* RÉ *agus caitheann a lámha thar a mhuineál.*

TARA: A Dheaide! A Dheaide!

Iontas ar RÉ. *Scaipeann an comhluadar. Baineann sé na lámha dá mhuineál. Uafás ar* CHÓIRÍN. *Breathnaíonn* MAIDHC *ar* CHÓIRÍN *agus ar* RÉ.

RÉ: 'Bhfuil aithne a'inn ar a chéile?

TARA: Nach n-aithníonn tú mé?

RÉ: Ní aithníonn – caithfidh mé a rá.

TARA: Is mise Tara – d'iníon.

RÉ: Tá dul amú ort.

TARA: Chuala tú trácht orm, nár chuala?

RÉ: Níor chuala mé trácht ar éinne darb ainm Tara.

TARA: Ar chuala tú trácht ar éinne darb ainm Siobhán Ní Fhlaithearta?

CÓIRÍN: Cé hí féin, Siobhán Ní Fhlaithearta?

TARA: Is í mo mháthair í, iarleannán an fhir seo.

RÉ: Is cuimhneach liom Siobhán. Bhí muid ag siúl amach le chéile na blianta ó shin, agus mé sa gColáiste. Ach caithfidh go bhfuil dul amú ort, a ...

TARA: Tara is ainm dom. Tara Bhreathnach. *Sos.* Dúirt sí nach raibh tú ag iarraidh baint ar bith a bheith a't liom.

RÉ: Cén chaoi nach mbeinn ag iarraidh baint ar bith a bheith a'm leat nuair nach raibh a fhios a'm fiú amháin go raibh tú ar an bhfód?

CÓIRÍN: An amhlaidh go bhfuil an ceart ag an mbean seo, a Ré?

ÁINE: Sílim gurb amhlaidh.

MAIDHC: Bhuel, m'anam don diabhal!

RÉ: A Tara, caithfidh sé go bhfuil tú thart ar scór bliain d'aois?

TARA: Bliain is scór.

RÉ: Gabh mo leithscéal. Níl mé in ann é seo a thabhairt isteach.

CÓIRÍN: Mise ach oiread.

TARA: An bhfuil tú ag rá nach raibh a fhios a't go raibh mé ar an bhfód?

RÉ: Ar m'anam, ní raibh.

TARA: Dúirt Mam liom go mba chuma leat fúm. B'in an fáth nach bhfuair mé cárta breithe uait riamh Nó bronntanas Nollag.

RÉ: Cén chaoi a bhféadfainn bronntanas nó cárta a chur chugat?

TARA: Tá a lán *catching up* le déanamh.

RÉ: Is cosúil go bhfuil.

TARA: Bhí mé ag ceapadh go mbeadh sé go deas tamaillín a chaitheamh anseo san Iarthar. D'fhéadfadh muid aithne a chur ar a chéile. Ní raibh a fhios a'm, cén chuma a bheadh ort. An mbeifeá tanaí nó ramhar? Maol nó gruagach? Níl ach an t-aon ghrianghraf a'm díot. Seancheann dubh is bán. Coinním i mo vallait i gcónaí é. Is cuirim faoi m'adhairt chuile oíche é. Sin é mo Dheaide a deirim le chuile dhuine. Agus an bhfuil a fhios a't, níor athraigh tú ar chor ar bith.

RÉ: Ní déarfainn sin.

TARA: Tá tú chomh tanaí céanna is atá sa ghrianghraf. Do chuid gruaige ag cúlú beagáinín. Na héadaí céanna á gcaitheamh a'd.

RÉ: Iad seo péire nua *jeans*.

TARA: Sea, ach díreach mar an gcéanna leis an bpéire sa ghrianghraf. Agus an geansaí céanna. Tá áthas orm anois gur iompaigh mé an íomhá seo díot thart ar feadh na mblianta – tá sé *dead on*. An í seo do bhean?

RÉ: Gabh mo leithscéal. Is í seo mo bhean, Cóirín.

CÓIRÍN: Tá iontas orm castáil leat.

RÉ: Agus is í seo a deirfiúr, Áine.

TARA: Tá aithne a'inne ar a chéile.

CÓIRÍN: Cén chaoi?

ÁINE: An-deas castáil leat arís!

RÉ: Caithfidh sé go bhfuil tuirse ort, a Tara – má bhí tú ag taisteal ar feadh an lae?

TARA: Ní bhíonn tuirse ormsa riamh. Ach tá ocras orm. Agus tart.

RÉ: Cén áit a bhfuil tú ag fanacht?

TARA: Fanfaidh mé leatsa, a Dheaide. Cá bhfuil do theachsa? Ba bhreá liom cithfholcadh a bheith a'm roimh an dinnéar.

RÉ: Bhuel, tá cónaí ormsa i *mobile home*. Níl aon uisce reatha ann.

TARA: *(le* CÓIRÍN*)*. An bhfuil tusa i do chónaí leis?

CÓIRÍN: Tá mo theach féin a'm.

TARA: 'Bhfuil uisce reatha a't?

RÉ: Tá sí th'éis *power shower* a fháil isteach.

TARA: Is breá liom na *power showers*. Níl *jacuzzi* a't, an bhfuil?

CÓIRÍN: Níl, is trua.

TARA: An bhfuil bia sa teach a't?

CÓIRÍN: Tá, roinnt.

TARA: Togha! Beidh an dinnéar a'inn ar ball. Thógas buidéal fíona anall liom.

RÉ: Bheadh sin go deas, a Chóirín, nach mbeadh?

CÓIRÍN: Bheadh, gan dabht.

TARA: *(le h*ÁINE*)*. An mbeidh tusa ag teacht freisin?

ÁINE: Ní chaillfinn é.

Amach le TARA, RÉ, CÓIRÍN, *agus* ÁINE. *Íslítear na soilse. Tógtar amach an bord is na stólta. Amach le gach éinne eile.*

Radharc a Trí

An Trá

Lá Samhraidh

Ardaítear na soilse. Tá Maidhc *crom, ag deisiú pota gliomach, é ar a chiall. Isteach le* Cóirín, *cuma bhrónach uirthi.*

Cóirín: Ná habair é.

Maidhc: Ní dhéanfainn a leithéid ort.

Cóirín: Ní bhfaighfeá an seans.

Maidhc: Tuigim nár bhraith tú riamh chomh sona céanna leis an gcaoi ar bhraith tú na míonna atá díreach caite. Tuigim an chaoi a mbraitheann tú anois. Thrust tú mo dhuine agus d'imir sé éagóir ort. Bhí sé pósta cheana féin agus clann aige. Brisfidh mé chuile chnámh ina chorp lofa.

Cóirín: Ní raibh sé pósta.

Maidhc: Fiú mura raibh, níor inis sé an fhírinne duit. Níor inis sé duit faoin straip bheag sin.

Cóirín: Cén chaoi a bhfuil a fhios a'tsa céard a d'inis sé dom?

Maidhc: Tá a fhios ag madaí na sráide céard a d'inis sé duit.

Cóirín: *Sos.* Nach cuma faoin méid a dúradh? An rud is tábhachtaí ná an chaoi a ndéileálann tú leis.

Maidhc: Céard is fiú focla mura bhfuil an fhírinne taobh thiar díobh? Chomh fada is a bhaineann sé liomsa, níor chaith sé go maith leat.

Cóirín: A Mhaidhc, fág é!

Maidhc: Ní fear macánta é.

Cóirín: Bhí a fhios a'm nach leanfadh cúrsaí mar a bhí.

Maidhc: Tá seans fós go bhféadfaí cúrsaí a réiteach idir an bheirt agaibh?

Cóirín: Beag an baol.

MAIDHC: Níl mé ach ag iarraidh comhairle a thabhairt duit, is cuidiú leat fad is atá tú trí chéile.

CÓIRÍN: Trí chéile? Níl mise trí chéile. Cuidiú liom? Níl tusa in ann cuidiú leat féin fiú amháin.

MAIDHC: Thug mé suas an deoch don gCarghas, agus ar Dhomhnach na Cásca – nuair a chuaigh mé isteach sa bpub – ní rabhas ach ag ól *Galway Spring Water*.

CÓIRÍN: Ó, dún suas do chlab!

MAIDHC: A Chóirín, chuir tú do hata ar an gcapall mícheart.

CÓIRÍN: Is cuma sa tsioc liomsa más iad piontaí *Galway Spring Water*, nó piontaí *Domestos*, a bhíonn á n-ól a't.

MAIDHC: Ní fhaca mé thart le seachtain é. Is dócha go bhfuil sé th'éis tú a dhumpáil? Bhuel, ná bac – tá go leor iasc sa bhfarraige.

CÓIRÍN: Is go leor capall ar tír.

Isteach le TARA.

TARA: Dúirt Deaide go mbeifeá thíos anseo.

CÓIRÍN: *(go tromchúiseach).* Bhí mé díreach ar tí imeacht.

TARA: Ná himigh mar go bhfuil mise th'éis teacht. *Sos.* Deir Deaide go mbíonn tú i gcónaí thíos anseo, ach nach bhfaca sé le seachtain thú. Caithfidh sé go raibh tú cruógach?

MAIDHC: Caithfidh sé go raibh sé ag coinneáil súil ort?

TARA: Hi!

MAIDHC: Heileo!

CÓIRÍN: *(drogall uirthi).* A Tara, ar chas tú le Maidhc?

TARA: Ní dóigh liom gur chas.

CÓIRÍN: Seo é Maidhc – Maidhc Ó Braonáin, duine de na comharsana.

MAIDHC: *(fonn díoltais air).* An-deas castáil leat, a Tara. Ar ndóigh chonaic mé sa bpub an lá cheana thú. Agus ba mhinic dom tú a fheiceáil ó shin.

TARA: Cén chaoi?

MAIDHC: Agus mé ag dul thar bráid im bhád.

TARA: Is iascaire thú?

MAIDHC: Iascaire agus feirmeoir.

TARA: Agus tá bád a't?

MAIDHC: Is liomsa an bád sin thall.

TARA: Is breá liom an dath atá air.

MAIDHC: Tá mé díreach th'éis é a phéinteáil.

TARA: Is ealaíontóir thú freisin! Tá *dinghy* ag Deaide, ach ní hé an rud céanna é. An dtabharfaidh tú amach ar an bhfarraige mé?

MAIDHC: Cinnte, tabharfaidh! Bhí mé ar tí dul amach ann anois, féachaint an raibh gliomach ar bith sna potaí.

TARA: Cén chaoi a mbeadh siad ann?

MAIDHC: *(ag taispeáint an phota di).* Bhuel, is trap é an pota céanna. Cuireann tú píosa éisc – bodach buí, go hiondúil – isteach ann, mar seo. Feiceann an santachán mór é, agus isteach leis le breith ar a dhinnéar.

TARA: Nach féidir leis éalú?

MAIDHC: Tagann doras an chiseáin anuas air, mar seo.

TARA: Agus inis dom, a Mhaidhc.

MAIDHC: Inseoidh mé aon cheo duit atá tú ag iarraidh a chloisint, a Tara.

TARA: An fíor go gcuirtear isteach sa bpota iad, in uisce beirithe, agus iad beo?

MAIDHC: Is fíor, go deimhin.

CÓIRÍN: Is cosúil go bhfuil an caidreamh idir an t-iascaire agus an gliomach bocht sách cosúil leis an gcaidreamh idir na fir is na mná.

TARA: Cén chaoi?

CÓIRÍN: Mealltar na mná isteach i bpota nó i mbosca beag agus fágtar ann iad.

TARA: A Mhaidhc, caithfidh sé go bhfuil bealach níos daonna ann lena mharú?

MAIDHC: Deirtear gur féidir an tslat droma a bhriseadh sul má chuirtear isteach san uisce iad. Sin í an difríocht idir an gliomach bocht is na mná – faraor géar, níl aon slat droma ag formhór na mban.

TARA: Ní déarfainn sin – tá slat droma mhór mhillteach a'm féin.

MAIDHC: Cuireann tú iontas orm.

TARA: Gabh i leith, a Mhaidhc, cén áit a bhfuil cónaí ort?

MAIDHC: An bhfeiceann tú an chéad teach thall ansin?

TARA: In aice le teach Chóirín?

MAIDHC: An teach céanna!

TARA: Is breá liom an tigín sin. An deatach ag éirí aníos as an simléar chuile oíche. Na cearca ag an gcúldoras. Aithním anois thú: is tú an fear a bhíonn ag crochadh amach a chuid éadaigh?

CÓIRÍN: Cuireann tú náire air.

TARA: Ba bhreá liom cuairt a thabhairt ar an tigín sin. An mbeadh fáilte romham?

MAIDHC: Bheadh míle fáilte romhat.

TARA: Ach i dtosach rachaidh mé le haghaidh *spin* sa mbád.

MAIDHC: Cibé rud is mian leat.

TARA: Tá aintín a'm, deirfiúr mo mháthar – phós sí bádóir. *Sos.* Thit sí i ngrá lena bhád.

Amach le TARA *agus le* MAIDHC. *Siúlann* CÓIRÍN *thar na carraigeacha.*

An Trá

Lá Fómhair

Isteach le RÉ, *cuma uaigneach chráite air, é ag eagrú a chuid potaí agus araile. Anuas le* CÓIRÍN *ina threo.*

RÉ: Níor cheapas go bhfeicfinn anseo thú.

CÓIRÍN: An amhlaidh go gcaithfidh mé cead a lorg uait?

RÉ: Is fada an lá ó chonaic mé thú.

CÓIRÍN: *Sos.* Chuala mé go raibh tú sínte.

RÉ: Bhí drochshlaghdán orm. *Sos.* Ar m'fhocal ní raibh a fhios a'm faoi Tara. A Chóirín, ná hiompaigh uaim.

CÓIRÍN: Ná bí ag tabhairt orduithe domsa.

RÉ: Ná bí ag ceapadh gur thrust tú mé, is go raibh mé mímhacánta leat – gur mise faoi ndeara an phraiseach seo.

CÓIRÍN: B'in ordú eile?

RÉ: Tá brón orm.

CÓIRÍN: Ócé!

RÉ: Sos cogaidh?

CÓIRÍN: Sos cogaidh. *Sos.* Mé féin faoi ndeara é. Ní hé gur thrust mé thú – bhuel, thrust. Agus ní hé go gceapaim go raibh tú ag inseacht bréag. Tharla an méid a tharla. Bhí iníon a't agus ní raibh a fhios a't fúithi. Ní raibh a fhios a't go raibh sí chun landáil isteach sa mullach orainn – lig dom críochnú. Níl mé á cáineadh. Is ógbhean í atá ag iarraidh aithne a chur ar a hathair.

RÉ: Tuigim go raibh drogall ort mé a thrust ar dtús. Agus an chéad lá ar leag mé súil ort – thíos anseo ar an trá – do chóta mór ort, bhí mé chomh sona an lá sin. Agus ina dhiaidh sin, nuair a thosaigh muid ag dul amach le chéile – a Chóirín, an bhféadfadh muid na laethanta sin a athchruthú?

Cloistear TARA *agus* MAIDHC *ag gáire.*

CÓIRÍN: Sna laethanta sin dúirt tú liom nach raibh aon bhagáiste a't.

RÉ: Bhí *fling* a'm lena máthair na blianta ó shin. *Sos.* Cén chaoi ar féidir leatsa caint ar bhagáiste – tusa a bhfuil cloch mhuilinn ar crochadh thart ar do mhuineál a't?

CÓIRÍN: Ar a laghad níl an chloch chéanna ar thóir chuile rud a chaitheann treabhsar.

RÉ: Céard is féidir liom a dhéanamh?

CÓIRÍN: Cheap mé go raibh sí ag iarraidh aithne a chur ar a hathair.

RÉ: Ní féidir liom í a cháineadh. Ní raibh mé ann di.

CÓIRÍN: Briseann tú mo chroí.

RÉ: Dá bhféadfainn an clog a chasadh siar.

CÓIRÍN: Is tiubh an leacht í an fhuil. *Sos.* Nár chuimhnigh tú ar iarraidh uirthi greadadh léi?

RÉ: Seans go bhfuil an ceart a't.

CÓIRÍN: Seans go n-imeoidh sí faoi Nollaig. Go bhfillfidh sí ar a máthair.

RÉ: Tá aithne a'inn ar a chéile anois. Is níl dóthain spáis sa *mobile home*.

CÓIRÍN: Ná sa *power shower*.

RÉ: *Sos.* An dtiocfaidh tú chomh fada leis an mbialann liom anocht?

CÓIRÍN: Beidh mé gafa – ag múineadh. Chuile oíche an tseachtain seo. *Sos.* Bhí an ceart acu sa m*British Royal Family* – níl spás do thriúr in aon chaidreamh. *Sos.* Caithfidh sé go bhfuil sé ag éirí fuar sa *mobile home*?

RÉ: Beidh sé ag dul in olcas. *Sos.* An mbeadh spás do bheirt i do theachsa, a Chóirín?

CÓIRÍN: Bheadh. Spás do bheirt.

RÉ: Bíonn sé deacair tú a dhéanamh amach, scaití.

CÓIRÍN: Níl tuilleadh bagáiste uaim.

RÉ: Cuimhneoidh mé air sin.

CÓIRÍN: Fad is nach ndéanann tú dearmad air, beidh muid togha.

RÉ: Tá sé in am do Tara aithne a chur ar a neamhspleáchas. Bíodh sé mar rún a'm.

CÓIRÍN: Bíodh sé mar réiteach dochúlaithe idir an bheirt a'inn.

Isteach le TARA.

TARA: Ná habair go bhfuil an bheirt agaibh le pósadh, is deireadh a chur leis an réiteach náireach a bhí agaibh go dtí seo?

RÉ: A Tara, bhí muid díreach ag rá …

CÓIRÍN: Díreach ag caint fútsa, mar a tharlaíonn.

TARA: Fúmsa? Céard a bhí á rá agaibh? Lig dom cuimhneamh – go raibh an-áthas oraibh mé a fheiceáil?

RÉ: Bíonn i gcónaí.

CÓIRÍN: Bhí rud éicint le rá ag Ré leat.

TARA: Nach bhfuil teanga ina bhéal féin aige?

RÉ: Bhí muid díreach á rá, a Tara, go mbíonn sé go deas a bheith amuigh ar an aigéan, agus ag dul ag siúl ar an trá, ach go gcaithfidh muid uilig socrú síos, is jab a fháil.

TARA: Th'éis trí mhí níl tú ag iarraidh mé a fheiceáil níos mó?

RÉ: Ní hé sin in aon chor é, a stór. Ar mhaithe leat féin, caithfidh sé go dtuigeann tú go bhfuil sé thar am a't socrú síos.

CÓIRÍN: Agus a bheith neamhspleách.

TARA: Cosúil leatsa, an ea?

RÉ: Beidh cúrsa ag tosú san Áras go luath. Cúrsa ríomhaireachta. Cloisim go bhfuil sé thar a bheith suimiúil. Nach bhfuil an ceart a'm, a Chóirín?

CÓIRÍN: Tá, go deimhin.

RÉ: A Tara, ní hé go bhfuil muid ag cur iallach ort ná tada, ach nár chuimhnigh tú riamh ar d'áit féin a fháil?

TARA: Tá sibh ag iarraidh fáil réidh liom, nach bhfuil? *Three's a crowd* agus chuile rud?

RÉ: Nár mhaith leat d'áit féin a bheith a't?

TARA: B'in a dúirt Mam liom. *Sos.* Cheap mé go gcaithfinn *quality time* leatsa. Ach bhí dul amú orm.

RÉ: Níl chuile rud dubh agus bán.

TARA: Ón áit a bhfuilimse im sheasamh, tá.

CÓIRÍN: Seans go bhféadfadh muid teacht ar réiteach éicint? Cuir i gcás gur fhan tú ar an mbaile i rith na seachtaine, is gur tháinig tú anoir ag an deireadh seachtaine? D'fhéadfá filleadh ar an *yoga,* mura bhfuil tú ag iarraidh an cúrsa a dhéanamh san Áras.

TARA: Níor tháinig mise anseo le horduithe a ghlacadh uaitse.

RÉ: Ní raibh Cóirín ach ag iarraidh comhairle a thabhairt duit.

TARA: Ar aghaidh leat, a Dheaide, glac a taobhsa.

RÉ: Níl mé ag iarraidh taobhannaí a ghlacadh. Tá mé ag iarraidh teacht ar réiteach a d'oirfeadh do chuile dhuine.

TARA: Tá réiteach a'm.

RÉ: Seans gur mhaith leat fanacht go deireadh na míosa? An mbeadh sé sin *all right,* a Chóirín?

CÓIRÍN: Ná bac liomsa.

Feictear MAIDHC *thiar uathu ag útamáil thart.*

TARA: Níl sé de mhuinín ag ceachtar agaibh an fhírinne a rá amach.

RÉ: A Tara, nuair a bheidh chuile rud eagraithe níos fearr.

TARA: Bhí mé ar tí bogadh amach ar aon chaoi. Beidh mé imithe faoi mhaidin.

RÉ: Ar an mbaile a bheas tú?

TARA: Níos cóngaraí fós. Ní bheidh mé ag bogadh as an gceantar álainn seo in aon chor.

RÉ: Cén chaoi?

TARA: Beidh mé mar chomharsa agaibh amach anseo.

RÉ: Abair amach é. Cén áit a mbeidh tú?

Breathnaíonn CÓIRÍN *i dtreo* MHAIDHC.

TARA: Ansin a bheidh mé – cúpla céad slat uaibh.

CÓIRÍN: Tá sé ar intinn a't bogadh isteach le Maidhc.

RÉ: Cén uair a tharla sé seo?

TARA: Cé nach mbaineann sé libhse, beag ná mór …

RÉ: Ní gá é seo a dhéanamh.

TARA: Tá sé ródheireanach anois.

Anonn le TARA *i dtreo* MHAIDHC. *Cuireann sí a lámh faoina ascaill.*

MAIDHC: Lá maith agaibh!

CÓIRÍN: A Mhaidhc!

TARA: Nach cuma leatsa, a Mhaidhc?

MAIDHC: Is cuma liomsa – cibé atá i gceist a't.

Amach le TARA *agus* MAIDHC, RÉ *agus* CÓIRÍN *ag breathnú ina ndiaidh.*

RÉ: Tá chuile rud ina phraiseach cheart anois.

CÓIRÍN: Agus mise faoi ndeara é, is dócha?

RÉ: Seans go bhféadfadh muid teacht ar réiteach éicint eile?

CÓIRÍN: Réiteach dochúlaithe eile, an ea?

Amach le CÓIRÍN. *Breathnaíonn* RÉ *ina diaidh, cuma fhíor uaigneach air. Buaileann pian é. Beireann sé greim ar a chliabhrach is titeann ina chnap ar an talamh. Múchtar na soilse. Amach le* RÉ.

Gníomh a Ceathair

Radharc a hAon

An Teach Tábhairne

Lá Geimhridh

Tógtar isteach an bord is na stólta. Ardaítear na soilse. Isteach le hÁINE. *Atmaisféar marbhánta, báisteach in aghaidh na fuinneoige, agus araile. Ólann* ÁINE *cupán caifé. Isteach le* TARA, *mála droma ar iompar aici.*

ÁINE: Go raibh maith a't as teacht. Ólfaidh tú cupán?

TARA: Ólfaidh, go raibh maith a't.

Faigheann ÁINE *cupán caifé di.*

ÁINE: 'Bhfuil tú ag coinneáil go maith?

TARA: Níl caill ar bith orm.

ÁINE: Agus Ré?

TARA: Mar an gcéanna.

ÁINE: 'Bhfuil biseach air?

TARA: Tá.

ÁINE: Ba chóir dó aire níos fearr a thabhairt dó féin – bíonn sé lasmuigh, is cuma más soineann nó doineann an aimsir.

TARA: Ní bheidh amach anseo.

ÁINE: Céard a deir na dochtúirí?

TARA: Deir siad go bhfuil sé ar fónamh.

ÁINE: Is deas é sin a chloisint. *Sos.* Ní hé go bhfuil mé ag iarraidh mo ladar a chur isteach sa scéal.

TARA: Coinnigh ort.

ÁINE: An mbíonn sé ag cur a tuairisce?

TARA: Ó am go ham.

ÁINE: Tá gráin aici ar ospidéil.

TARA: Tá an chosúlacht sin ar an scéal.

ÁINE: Ba mhaith léi cuairt a thabhairt air.

TARA: Tá sé níos fearr as gan í.

ÁINE: Déarfása é sin.

TARA: Nach bhfuil sé de cheart a'm é a rá?

ÁINE: Tá, a stór, ach tá Cóirín s'a'inne cráite ina dhiaidh.

TARA: Sách maith aici. *(í ar tí imeacht).* B'in an fáth go raibh tú ag iarraidh labhairt liom?

ÁINE: Theastaigh uaim a fháil amach faoi Ré.

TARA: Theastaigh uait pléadáil ar a son.

ÁINE: Nílim á shéanadh.

TARA: Nach bhféadfadh sí pléadáil ar a son féin?

ÁINE: 'Bhfuil chuile rud a't?

TARA: Tá. 'Bhfuil an tsíob sin fós á tairiscint a't?

ÁINE: Tá. *Sos.* Cén uair a bheidh siad á ligean as an ospidéal?

TARA: Dé Máirt.

ÁINE: Abair leis …

TARA: Céard?

ÁINE: Abair leis go raibh mé ag cur a thuairisce.

TARA: Ócé.

ÁINE: Agus abair leis … go raibh Cóirín ag cur … abair leis go bhfuil sí ag coinneáil go maith, agus go rachaidh sí isteach chuige sul má ligeann siad amach é.

TARA: *Right.*

ÁINE: 'Bhfuil áit faighte agaibh?

TARA: Beimid ag fanacht in óstlann.

ÁINE: Sa gcathair, an ea?

TARA: Nach tú atá fiosrach? *Sos.* Beimid ag dul ar saoire.

ÁINE: Cén áit … ócé … ba bhreá liom sibh a fheiceáil arís.

TARA: Bhuel, feicfidh. Ní go fóill, seans – nuair a fhilleann muid.

ÁINE: Dé Mairt, a deir tú – beidh siad á ligean amach?

TARA: Sea.

ÁINE: Nach bhfuil an aimsir go dona?

TARA: Go huafásach, amach is amach.

Amach leo beirt. Íslítear na soilse. Tógtar amach an bord is na stólta.

Radharc a Dó

An Trá

Maidin Earraigh

Ardaítear na soilse. Isteach le Cóirín, Críonna *ar a tóir. Tá* Cóirín *gléasta ina cóta, mála agus crobhaing sabhaircíní ar iompar aici.*

Críonna: Nach deas an phraiseach í seo?

Cóirín: Fág é.

Críonna: Nár dhúirt mé leat nach bhféadfá fear a fháil.

Cóirín: D'fhéadfainn ceann a fháil amach anseo.

Críonna: Cinnte, d'fhéadfá ceann a fháil. Ach an bhféadfá greim a choinneáil air?

Cóirín: Ag an am seo bliana, seans. Na huain ag teacht ar an bhfód ...

Críonna: Daoine ag titim i ngrá – nach gcuirfeadh sé fonn ort?

Cóirín: Is ag titim amach as, a luaithe a chuireann siad aithne ar a chéile.

Críonna: Faoi mar a tharla le do bhitheolaí mara?

Cóirín: Gheobhaidh mise réidh leatsa lá amháin – bí ag faire amach don lá sin.

Críonna: Ní fhéadfá maireachtáil gan mise.

Cóirín: Breathnaigh an spás seo!

Críonna: Tabharfaidh mé comhairle duit – maidir leis an bpraiseach seo. Ní féidir a rá – 'dá ndéarfainn seo, nó dá ndéarfainn siúd, dá mbeinn níos flaithiúla le Tara, dá mbeinn níos tuisceanaí'. Fág na smaointe sin i leataobh. Mar tá sé imithe anois. Tá trí mhí ann ó ghread sé leis, é féin agus an straip bheag sin.

Cóirín: Nach stadann tú riamh?

Críonna: Chuala tú go raibh sé tinn. Agus an rachfá isteach ar cuairt chuige?

CÓIRÍN: Chuaigh.

CRÍONNA: Dhá lá th'éis dóibh é a ligean amach.

CÓIRÍN: Meas tú ar luaigh sí an lá mícheart d'aon ghnó?

CRÍONNA: Bí á cheapadh sin, más mian leat. *Sos.* Tuige an raibh sé tinn, meas tú? Fear nach n-ólann is nach gcaitheann? An strus ba chúis leis, gan dabht.

CÓIRÍN: Más ea, ní mise faoi ndeara é.

CRÍONNA: Ní dheachaigh tú isteach le breathnú air in am mar go bhfuil faitíos ort roimh chúrsaí ospidéil.

CÓIRÍN: Bhuel, tá biseach air anois, nach bhfuil?

CRÍONNA: Agus cá bhfuil sé? Má tá biseach air, tuige nach raibh sé abhus anseo? An deamhan Tara sin – tá sé meallta aici. Bhí do sheans a't agus chaill tú é. Faoi dhó.

CÓIRÍN: Thug mise seans dósan. Faoi dhó. Thug mé cuireadh dó bogadh isteach liom.

CRÍONNA: Mórtas in ionad áthais. D'fhéadfá a bheith sona.

CÓIRÍN: Céard is sona ann?

CRÍONNA: Dá mbeadh seans eile a't céard a dhéanfá?

CÓIRÍN: Tá a fhios a't go maith céard a dhéanfainn.

CRÍONNA: 'Bhfuil a fhios? Tá dul amú orm. Ní dóigh liom go bhféadfása a bheith sona. Mar is gruama an ghirseach thú. Gruama. Agus dúr leis. Gabh sall chuige.

CÓIRÍN: Níl a fhios a'm cén áit a ndeachaigh sé.

CRÍONNA: Inseoidh Tara duit.

CÓIRÍN: Ní fhiafróinn tada de Tara, fiú dá mbeinn ag brath uirthi.

CRÍONNA: Tá tú ag brath uirthi.

CÓIRÍN: Ní fhaca mé í ó ghread sí léi.

CRÍONNA: Céard faoi Mhaidhc? Nach mbeadh a fhios aige cá bhfuil sí?

CÓIRÍN: Déan dearmad air.

CRÍONNA: Seans nach bhfeicfidh tú Ré go deo arís.

CÓIRÍN: Ní bheadh sin sách sciobtha dom.

Isteach le MAIDHC. *Téann* CRÍONNA *i bhfolach taobh thiar de charraig.*

MAIDHC: Lá maith a't.

CÓIRÍN: Níl sé pioc maith.

MAIDHC: Is fada an lá ó chonaic mé thú.

CÓIRÍN: Bhí mé cruógach.

MAIDHC: Agus mise leis. *Sos*. An mbíonn tu fós ag casadh?

CÓIRÍN: Bíonn.

MAIDHC: Ar an Aoine, an ea?

CÓIRÍN: Go hiondúil.

MAIDHC: Gabhfaidh mé síos chuig an bpub an Aoine seo.

CÓIRÍN: Céard é sin domsa?

MAIDHC: Céard é, go deimhin! *Sos.* Chuala mé go raibh sé abhus anseo.

CÓIRÍN: Cé?

MAIDHC: Do bhitheolaí mara, cé eile?

CÓIRÍN: Bí ag magadh, más maith leat.

MAIDHC: Chuala mé go raibh seomra aige sa bpub. Feicfidh tú ar an Aoine é, is dócha.

Amach le MAIDHC. *Anall le* CRÍONNA.

CRÍONNA: Sa bpub, a dúirt sé?

CÓIRÍN: Ar éigean atá mé in ann é a thabhairt isteach.

CRÍONNA: *Away* leat isteach chuig an gcathair.

CÓIRÍN: Tuige?

CRÍONNA: Le gúna nua a cheannach.

CÓIRÍN: Éide bróin, an ea?

CRÍONNA: Gúna línéadaigh. Agus tabhair cuairt ar an ngruaigeadóir, fad is atá tú ann.

CÓIRÍN: *Frig*eáil as. *Sos.* Fiú má bhíonn sé ann ar an Aoine, níl mé chun labhairt leis.

CRÍONNA: *Yeah right*!

Isteach le RÉ, *ciseán picnice ar iompar aige. Amach le* CRÍONNA. *Iontas ar* CHÓIRÍN.

RÉ Bhíos ag ceapadh go mbeifeá anseo.

CÓIRÍN: A Ré?

RÉ: Mar is iondúil duit.

Anonn le CÓIRÍN *i dtreo na sciathán.*

RÉ: 'Bhfuil nóiméad a't?

CÓIRÍN: Nóiméad.

Osclaíonn RÉ *an ciseán agus tógann amach dhá ghloine, sailéad, buidéal spumante, pavlova, agus, le linn an radhairc, déanann sé iad a roinnt agus a dháileadh ar* CHÓIRÍN *agus air féin.*

CÓIRÍN: Ag brionglóidigh atá mé!

RÉ: Tabhair dom do lámh.

Síneann CÓIRÍN *amach a lámh ina threo.*

CÓIRÍN: *Sos.* Níl a fhios a'm an bhfuil mé ag iarraidh labhairt leat.

RÉ: Tá a fhios a'msa go bhfuilimse ag iarraidh labhairt leatsa.

CÓIRÍN: Is éasca é sin a rá.

RÉ: Mura bhfuil Mohammed ag iarraidh teacht chuig an sliabh mantach, caithfidh an sliabh mantach taisteal chomh fada le Mohammed.

CÓIRÍN: Ní sliabh thusa. Ní fáidh mise.

RÉ: Ní fáidh mise ach oiread.

CÓIRÍN: Céard a thug anseo thú?

RÉ: Tháinig mé anseo inniu le go mbeadh an-*time* a'm.

CÓIRÍN: Leat féin?

RÉ: Leatsa, dá mbeifeá ann. Agus tá.

Osclaíonn RÉ *an buidéal agus líonann an dá ghloine.*

CÓIRÍN: *(le hiontas).* Go raibh maith a't.

RÉ: Bhí díomá orm nuair nár tháinig tú isteach go dtí mé san ospidéal.

CÓIRÍN: Tháinig ach bhí tú imithe.

RÉ: D'fhág mé teachtaireacht duit ag an *reception.*

CÓIRÍN: Ní bhfuair mé í.

RÉ: *No*? Bhí mo sheoladh agus chuile rud ann. Sláinte!

CÓIRÍN: Sláinte mhaith! *Sos.* Cá ndeachaigh tú?

RÉ: Bhí mé san Ind

CÓIRÍN: Céard a thug ansin thú?

RÉ: Theastaigh uaim riamh dul ann.

CÓIRÍN: Le breathnú ar na héisc?

RÉ: Le breathnú ar chuile shórt eile.

CÓIRÍN: Bhí mise i Londain. Chuaigh mé sall ar an mbus. Chuig *gig*. Agus tá cuireadh faighte a'm dul go Meiriceá. Casadh do na Poncánaigh.

RÉ: Tá ríméad orm é sin a chloisint.

CÓIRÍN: 'Raibh sé te san Ind?

RÉ: Bhí sé fuar – an geimhreadh a bhí ann.

CÓIRÍN: Bhí tú id aonar?

RÉ: Tháinig Tara in éindí liom. *Sos.* Ar mhaith leatsa dul chuig an Ind?

CÓIRÍN: Leat féin agus le Tara? Ní dóigh liom é.

RÉ: Ar mhaith leat dul aon áit?

CÓIRÍN: Rachaidh mé go Meiriceá, ach is cuma liom faoi.

RÉ: *Sos.* Dá mbeadh lá amháin le caitheamh a't, cén áit a gcaithfeá é?

CÓIRÍN: B'in ceist amaideach.

RÉ: Tá mé i ndáiríre.

CÓIRÍN: Chaithfinn anseo é. Nach bhfuil a fhios a't é sin?

RÉ: Tá, is dócha.

CÓIRÍN: Tuige an cheist?

RÉ: Bhí mé ag iarraidh an freagra a chloisint.

CÓIRÍN: Níl mé in ann é seo a thógaint isteach.

RÉ: An rud atá thart, tá sé thart.

CÓIRÍN: *(ag breathnú i dtreo an chiseáin).* Chuimhnigh tú ar chuile shórt.

RÉ: Taitníonn sé leat?

CÓIRÍN: Ní fhéadfainn ceist eile a chur, is dócha? Faoi cén fáth a bhfuil tú ag ól?

RÉ: Nach bhféadfá glacadh leis?

CÓIRÍN: Tuige an giúmar aisteach?

RÉ: Tuige tada?

CÓIRÍN: Dúnfaidh mé mo chlab.

RÉ: Ná dún, maith an bhean.

CÓIRÍN: 'Bhfuil tú ag iarraidh tuilleadh ceisteanna?

Pógann RÉ *í. Pógann* CÓIRÍN *eisean.*

RÉ: Ba mhinic dom an oíche a chaitheamh ag cuimhneamh ort.

CÓIRÍN: Gheall mé dom féin, dá bhfillfeá, nach ndéanfainn é seo. Nach labhróinn go deo arís leat.

RÉ: Dáiríre?

CÓIRÍN: Dáiríre.

Coinníonn siad orthu.

RÉ: Mhisseáil mé thú. Ní thuigeann tú cén chaoi ar mhisseáil mé thú.

CÓIRÍN: Más mar an gcéanna í leis an gcaoi ar mhisseáil mise thusa. *Sos.* 'Bhfuil tú ag iarraidh teacht suas chuig an teach?

RÉ: Ar ball.

CÓIRÍN: Caillfear leis an bhfuacht anseo muid.

RÉ: An mbíonn an t-uisce fuar an t-am seo bliana?

CÓIRÍN: Tá sé fuar, ceart go leor, ach nach bhfuil a fhios a't é sin?

RÉ: Tá, is dócha, ach b'fhearr liom é a chloisint uaitse.

CÓIRÍN: Mura bhfuil tú ag iarraidh teacht suas chuig an teach ... ní gá 'ar ball' a rá.

RÉ: Gabh i leith anseo.

Pógann sé go crua í.

RÉ: Imímis.

CÓIRÍN: 'Bhfuil tú cinnte?

Éiríonn CÓIRÍN *ina seasamh is réitíonn a cuid éadaigh. Tosaíonn ag gluaiseacht i dtreo na* [illegible]

RÉ: Dá mbeadh cúrsaí chomh simplí sin ...

Gluaiseann CÓIRÍN, *ansin stopann sí. Coinníonn* RÉ *air ag ól.*

CÓIRÍN: 'Bhfuil tú chun fáil réidh leis an ngiúmar aisteach seo?

RÉ: Tá mé ag iarraidh go leanfaidh an lá seo.

CÓIRÍN: *(ag filleadh).* 'Bhfuil tú ag coinneáil rud éicint uaim?

RÉ: An ndéanfainn a leithéid?

CÓIRÍN: Braitheann sé.

RÉ: *Sos.* Is deacair é seo a rá.

CÓIRÍN: Caith amach é.

RÉ: An cuimhneach leat an slaghdán sin a bhí orm?

CÓIRÍN: An ceann a bhí ort arú anuraidh?

RÉ: Ní raibh mé in ann fáil réidh leis.

CÓIRÍN: Ach tá tú togha anois, nach bhfuil?

RÉ: Tá mo dhóthain den ospidéal a'm. De phiollaí is d'instealltaí.

CÓIRÍN: Bhí tú sínte ach tá biseach ort anois, nach bhfuil? Bhí tú san Ind ...

RÉ: Ba bhreá liom dá bhfeicfinn an t-am sin thú – dá dtiocfá isteach ar cuairt chugam – seans nach rachainn chuig an Ind in aon chor.

CÓIRÍN: Céard in ainm Dé atá tú ag iarraidh a rá?

RÉ: Bhí mé ag ceapadh dá mbeadh lá amháin le caitheamh a'm go gcaithfinn anseo leatsa é – dá mba mhian leat é. Ag ithe is ag ól. Go ndéanfainn na rudaí sin uilig a mbíodh faitíos orm rompu cheana. *Sos.* Níor ith muid an sailéad fós. Nó an *pavlova*.

CÓIRÍN: Má tá tú ag cuimhneamh ar dhul ag snámh, déan dearmad ar an mbia.

RÉ: Is rud amháin é rún a bheith a't. Rud eile ar fad é é a chur i gcrích.

CÓIRÍN: Céard é an rún seo?

RÉ: Ní raibh mé ag iarraidh é a inseacht duit.

CÓIRÍN: Is éasca déileáil le fadhbanna nuair a roinntear iad.

RÉ: Sa gcás seo is fíor a mhalairt.

CÓIRÍN: Ba bhreá liom dá roinnfeá liom é. *Sos.* Tá a fhios a'm nach bhfaca muid a chéile le fada, ach tá réiteach a'm air sin. Caithfidh tú muinín a bheith a't asam.

RÉ: Sin an fáth nach bhfuil mé ag iarraidh labhairt leat faoi seo.

CÓIRÍN: An bhfuil tú ag iarraidh go gcasfainn ar mo sháil anois agus go siúlfainn síos an bóthar sin uait anois díreach ar an bpointe boise?

RÉ: Níl.

CÓIRÍN: Cibé rún atá a't, éistfidh mé leis. Cibé rud atá tú ag iarraidh a dhéanamh, tabharfaidh mé lámh chúnta duit é a dhéanamh.

RÉ: Ní chuirfinn iallach ort.

CÓIRÍN: An bhfuil tú ag teacht suas chuig an teach?

RÉ: Níl.

Doirteann CÓIRÍN *a bhfuil fágtha den mbuidéal isteach sna gloiní.*

RÉ: Dúirt siad liom ag an ospidéal go mbeinn togha go fóill. Ach le deireanas …

CÓIRÍN: Nach bhfuil tú ag glacadh do chuid piollaí?

RÉ: Níl mé chun tuilleadh piollaí a ghlacadh. Níl mé chun sé mhí a chaitheamh sínte.

CÓIRÍN: An amhlaidh go bhfuil tú ag rá …? *Sos.*

RÉ: Níor chóir dom filleadh ach bhí mé ag iarraidh tú a fheiceáil.

CÓIRÍN: (*ag tuiscint a bhfuil á rá aige*). *Sos.* Bhreathnóinn id dhiaidh.

RÉ: Níl tú ag iarraidh é sin a dhéanamh.

CÓIRÍN: Dhéanfainn é.

RÉ: Ba mhór leat an t-am sin, is an obair uilig a bhainfeadh leis.

CÓIRÍN: (*í trí chéile*). Dhéanfainn é.

RÉ: Níl mé ag iarraidh é seo a phlé níos mó.

CÓIRÍN: Níor bhris mé geallúint riamh.

RÉ: Níl mé ag iarraidh go gcloífeá leis an gceann sin. *Sos.* Nach bhfuil na sabhaircíní flúirseach i mbliana? Is cuimhneach liom an chéad uair a tháinig mé anoir, b'in iad an chéad rud a thug mé faoi ndeara.

CÓIRÍN: Céard fúmsa? Nach bhfaca tú mise im chóta mór?

RÉ: Tusa an dara rud a chonaic mé.

CÓIRÍN: (*í trí chéile*). Níl a fhios a'm cé acu is fearr liom – buí an Earraigh nó oráiste an Fhómhair.

RÉ: Is fearr liomsa an tEarrach. Tagann dóchas leis an Earrach. Nuair a fheiceann tú an buí bíonn a fhios a't go leanfaidh an Samhradh. Gur gearr go mbeidh na lusanna faoi bhláth is laethanta an tSamhraidh ag teannadh ort. *Sos.* 'Bhfuil aon scéal a't dom?

CÓIRÍN: Céard ba mhaith leat a chloisint?

RÉ: Tá mo dhóthain cloiste a'm ó dhochtúirí is ó bhanaltraí. Níl mé ach ag iarraidh do ghuth binn a chloisint.

CÓIRÍN: A Ré, caithfidh muid é seo a phlé.

RÉ: Níl tada le plé.

CÓIRÍN: Caithfidh go bhfuil leigheas éicint ann – bhí mé ag léamh faoi rud nua ar an bpáipéar …

RÉ: Níl mé ag iarraidh dul sa seans.

CÓIRÍN: Thabharfainn aire duit.

RÉ: Níl mé ag iarraidh sin.

CÓIRÍN: Tá a fhios a'm gur dhúirt mé.

RÉ: Tá a fhios a'm an chaoi a mbraithfinn.

CÓIRÍN: Ach bheadh an t-am sin a'inn.

RÉ: Mise ag brath ort go huile is go hiomlán – ní dóigh liom é.

CÓIRÍN: Ní labhróidh muid faoi a thuilleadh.

RÉ: Tabhair geallúint dom.

CÓIRÍN: Ceann eile? Nach tú atá éilitheach!

RÉ: An rud atá mé ag iarraidh a rá – ní hé go dtabharfaidh tú aire do Tara – ní iarrfainn é sin ort – is bean fhásta í anois, cibé, ach go mbeidh tú ag faire amach ar a son. Go mbeidh tú ann di – má tá sí ag iarraidh comhairle nó freagraí.

CÓIRÍN: Beidh mé ann di, más é sin atá uaithi.

RÉ: Agus, a Chóirín?

CÓIRÍN: A Ré, tóg go bog é.

RÉ: Ní thógfaidh.

CÓIRÍN: Bhí tú ceanndána riamh.

RÉ: Cé atá ag caint?

CÓIRÍN: Ní chloisfidh mé a thuilleadh den olagón seo.

RÉ: Tá tú cosúil le seanmhúinteoir ranga atá ag iarraidh smacht a choinneáil ar bhuachaill dána.

CÓIRÍN: Agus is dána, dána é an buachaill seo.

RÉ: Dá dtarlódh aon cheo duit …

CÓIRÍN: Nár chuala tú mé?

RÉ: An raibh tú ag snámh fós i mbliana?

CÓIRÍN: Bhí ar an Aoine. Aoine an Chéasta. Is mé céasta leis an bhfuacht.

RÉ: Beidh sé ag dul i bhfeabhas.

CÓIRÍN: Beidh.

RÉ: An gcasfaidh tú amhrán dom?

CÓIRÍN: Aon cheo atá uait.

Casann CÓIRÍN *an t-amhrán seo a leanas (port: The water is wide):*

Is leathan an sruth atá amach romhainn
Gan ach geallúint lenár dtabhairt anonn.
Tabhair dom bád ina bhfuil spás dúinn beirt
Lenár seoladh i bhfad ón mórualach seo.

Is ceansa é an grá, rícheansa, sámh,
Ní théann in aois is ní éiríonn lag.

Ní théann in aois is ní éiríonn fuar.
Ní imíonn le gaoth is ní scaipeann le ceo.

Is leathan an sruth atá amach romhainn,
Is mise ag caoineadh uisce mo chinn.
Tabhair dom bád ina bhfuil spás dúinn beirt
Lenár seoladh i bhfad ón mórualach seo.

Is leathan an sruth atá amach romhainn,
Is mórualach trom le tabhairt anonn,
Ualach chomh trom le mo chroí istigh,
Nach scaipfidh le ceo, nach n-imeoidh le gaoth.

Múchtar na soilse. Amach leo i dtreo na farraige.

An Teach Tábhairne

Lá Earraigh

Tógtar isteach na stólta agus an bord. Isteach le chuile dhuine seachas RÉ *agus* CÓIRÍN. *Ardaítear na soilse.*

BEAN 1: Ní maith liom do thrioblóid.

FEAR 1: Is trua liom do chás.

TARA: Bhí mé ag iarraidh aithne a chur air.

MAIDHC: Chuir tú aithne air. *Sos.* A Áine, cén chaoi a bhfuil Cóirín?

ÁINE: Is mór an trua nach féidir léi a bheith anseo inniu.

MAIDHC: Má tá sí ag iarraidh aon cheo …

ÁINE: Inseoidh mé di go raibh tú ag cur a tuairisce. *Sos.* An t-am seo anuraidh cé a cheapfadh é?

TARA: Go raibh maith agaibh, an bheirt agaibh, as chuile rud a rinne sibh dom.

MAIDHC: Ba é an rud ba lú dom é.

ÁINE: Ní dhearna muide tada. *Sos.* Níl tú ag imeacht anois, an bhfuil, a Tara?

TARA: Ní tusa faoi ndeara í, a Áine.

ÁINE: An mbeidh tú ag fanacht sa gcathair.

TARA: Bhí mé ag cuimhneamh ar dhul go Sasana.

ÁINE: Céard a dhéanfá ansin?

TARA: Tá cara a'm i Londain, Islington. *Ring*eáil mé aréir í. Caithfidh mé cúpla mí thall léi. Ansin, seans go rachaidh an bheirt a'inn chuig an nGearmáin, ní bheadh a fhios a't.

MAIDHC: D'fhéadfá fanacht anseo go dtí go …

TARA: Seans go bhfillfidh mé lá éicint. Go raibh maith agaibh.

Beireann TARA *barróg orthu beirt.*

MAIDHC: A Tara!

TARA: Slán agaibh!

ÁINE: Slán, a Tara!

Amach le TARA.

MAIDHC: Níl inti ach gasúr.

ÁINE: Tú féin a dúirt é.

MAIDHC: Ná bí ag ceapadh go raibh aon cheo eadrainn – mar ní raibh.

ÁINE: Ná níor éirigh an ghrian ar maidin.

MAIDHC: Seans go bhfuil an chosúlacht sin air…

ÁINE: A Mhaidhc, níl mé ag iarraidh a chloisint faoi do ghraithe.

MAIDHC: Ach bíonn tú ag cuimhneamh orthu.

ÁINE: Tá tú níos measa ná na *paedophiles* sin ar an *News*.

MAIDHC: Cé nach mbaineann sé duitse, beag ná mór, thug mé leaba is foscadh di, nuair nach raibh siad á dtairiscint ag a hathair féin.

ÁINE: Do ghraithe, a Mhaidhc, níl mé ag iarraidh a chloisint fúthu.

MAIDHC: Faigheann an *paedophile* is measa seans a chás a chur os comhair na cúirte, agus é ciontach. Bhuel, tabhair seans domsa, mar tá mise neamhchiontach. Chuidigh mé leis an gcailín sin – b'in an méid.

ÁINE: Níl a fhios a'm céard ba chóir dom a chreidiúint. *Sos.* Táim imníoch i dtaobh Chóirín.

MAIDHC: Caithfidh sé go bhfuil sé deacair uirthi a bheith sáinnithe istigh sa gcillín sin.

ÁINE: Mar a tharlaíonn, seomra deas atá aici – chuile áis ann.

MAIDHC: An bhfuil an fharraige ann? An bhfuil an trá ann?

ÁINE: Tuige an mbíonn sí go síoraí seasta gafa leis an bhfírinne, is le céard is cóir a dhéanamh?

MAIDHC: B'in í Cóirín duit. Is ní thiocfaidh claochlú ar an inchinn sin aici go deo.

ÁINE: Déarfadh éinne eile gur thit Ré isteach san aigéan, go raibh sé súgach, gur baineadh tuisle as ar na carraigeacha. Ach ní fhéadfadh sise bréag a inseacht. *Sos.* Bhí sí ceanndána riamh.

MAIDHC: Nach dtuigeann tú cén fáth go mbíodh?

ÁINE: Is maith a thuigim cén fáth go mbíodh, ach bheifeá ag súil go bhféadfadh sí an fhírinne a lúbadh smidín nuair a bhí a bhfuil i ndán di ag brath air.

MAIDHC: Gabh i leith, níl sí ag iarraidh mé a fheiceáil?

ÁINE: Ní déarfainn é.

MAIDHC: Má tá aon cheo ag teastáil ón teach …

ÁINE: Tá chuile rud aici.

MAIDHC: D'fhéadfainn scríobh chuici.

ÁINE: An bhfuil a fhios a't – thaitneodh sin léi. Ach ní bheinn ag súil le freagra a fháil uaithi. Nó ag ceapadh …

MAIDHC: Níl muid ag iarraidh mo ghraithe a phlé. *Sos.* Cén chaoi a bhfuil na gasúir, dála an scéil?

ÁINE: Togha. Tá siad togha.

MAIDHC: Ar thosaigh siad ar an meánscoil fós?

ÁINE: Thosaigh, agus is breá leo é. Tá siad ag fás aníos iontach sciobtha.

MAIDHC: Agus Pól?

ÁINE: Níl a fhios a'm ar luaigh Cóirín é, ach scar muid cúpla mí ó shin.

MAIDHC: Tá taithí mhaith a'm ar an uaigneas agus ní maith liom é.

ÁINE: Ní maith le héinne a'inn é. *Sos.* Inseoidh mé di go raibh tú ag cur a tuairisce, cibé.

MAIDHC: Déan é sin, maith an bhean.

ÁINE: An rud a gcaithfidh tú cuimhneamh air – ní dheachaigh sí síos leis. Tháinig sí ar uachtar.

Beireann siad barróg ar a chéile. Amach leo i dtreonna difriúla. Amach leis na haisteoirí eile. Múchtar na soilse

Cillín

Lá Samhraidh

Tógtar isteach leaba a bhfuil mála taistil ar oscailt uirthi, is cúpla leabhar, bréagáin bhoga, is éadaí caite thart. Ardaítear na soilse. Tá CÓIRÍN *ina suí ar a leaba, is* CRÍONNA *taobh thiar di.*

CRÍONNA: Tá an ceart a't.

CÓIRÍN: Ar dhúirt mé tada?

CRÍONNA: Ní gá duit tada a rá – an chaoi a bhfuil tú ag breathnú orm, leis na *vibes* gránna sin!

CÓIRÍN: Is uaitse atá siad ag teacht.

CRÍONNA: Más mian leat é sin a chreidiúint. Samhlaím féin …

CÓIRÍN: Samhlaíonn tusa an iomarca.

CRÍONNA: Nach maith is eol dom é? *Sos.* Cé a cheapfadh go gcaithfí an bheirt a'inn isteach sa gcillín beag seo?

CÓIRÍN: Sin saibhir – ag teacht uaitse. Nach bhfuil mé th'éis mo shaol uilig a chaitheamh sáinnithe i gcillín beag leatsa?

Réitíonn CÓIRÍN *a cuid gruaige is pacálann a mála.*

CRÍONNA: Agus cé a thug cuireadh dom?

CÓIRÍN: Mé féin faoi ndeara é.

CRÍONNA: Ní féidir an milleán a leagan ormsa mar sin.

CÓIRÍN: Tá mé bréan díot. Bréan de do bhéal searbh is na focla gránna sin uait.

CRÍONNA: Ach ní féidir leat fáil réidh liom.

CÓIRÍN: Tá mé chun fáil réidh leat.

CRÍONNA: Th'éis duit do shaol go léir a chaitheamh in éindí liom? Ní dóigh liom é.

CÓIRÍN: Ní raibh muid in éindí le chéile. Bhí tusa in airde ar mo dhroim.

CRÍONNA: Ní fhéadfá fáil réidh liom. Cén áit a rachainn?

CÓIRÍN: Téigh suas ar dhroim duine éicint eile.

CRÍONNA: Ní mise a lig síos thú.

CÓIRÍN: Tá mé chun maireachtáil im aonar amach anseo.

CRÍONNA: Bean aonarach. Níl aon rogha a't. Ní chuirfeadh éinne suim ionat.

CÓIRÍN: Bhuel, is cuma sa tsioc liomsa má chuireann nó mura gcuireann. Mar beidh mé saor. Saor uaitse. *Away* leat! *Away* leat, a choinsias lofa!

CRÍONNA: Beidh mé ar ais ar ball.

CÓIRÍN: Ní bheidh mar ní bheidh fáilte romhat anseo.

CRÍONNA: Caithfidh muid chuile rud a phlé.

CÓIRÍN: Ní chaithfidh mise tada a phlé leatsa a thuilleadh.

Cuireann CÓIRÍN *uirthi a cóta. Breathnaíonn sí ar na bréagáin, is fágann ar an leaba iad.*

CÓIRÍN: Ní ligfidh mé isteach i mo chloigeann thú. Tá do sheal tugtha. *Away* leat!

Leacaíonn CRÍONNA *ina liathróid ar an leaba. Múchtar na soilse. Amach leis an leaba agus le* CRÍONNA *agus* CÓIRÍN.

An Trá

Tráthnóna Samhraidh

Ardaítear na soilse. Isteach le CÓIRÍN. *Breathnaíonn sí timpeall uirthi le háthas. Baineann a cóta agus a bróga di féin, suíonn, tumann a cosa isteach san uisce, is casann an t-amhrán seo a leanas: (Aithris ar Oran na Maighdinn Mhara).*

Hù-bha is na hoireann hù-bha
Hù-bha is na hoireann hè
Hù-bha is na hoireann hù-bha
Ní le feall a mheall tú mé.

Is ortsa a bheidh mo chuimhneamh
le linn an Gheimhridh fhada fhuair.
Is ortsa a bheidh mo chuimhneamh
le linn an tSamhraidh ghrianmhair úir.

Hù-bha is na hoireann hù-bha
Hù-bha is na hoireann hè
Hù-bha is na hoireann hù-bha
Ní le feall a mheall tú mé.

I bhfad amuigh ar thonnta báite
Seal id aonar scartha uaim
Bíodh mo ghrá mar fhallaing ort –
Creid gur maighdean mhara mé.

Hù-bha is na hoireann hù-bha
Hù-bha is na hoireann hè
Hù-bha is na hoireann hù-bha
Ní le feall a mheall tú mé.

Is ortsa a bheidh mo chuimhneamh
le linn an Gheimhridh fhada fhuair.
Is ortsa a bheidh mo chuimhneamh
le linn an tSamhraidh ghrianmhair úir.

Isteach le MAIDHC.

MAIDHC: A Chóirín!

CÓIRÍN: A Mhaidhc!

MAIDHC: Ní raibh mé ag súil leat – go fóill.

CÓIRÍN: (*ag breathnú i dtreo a tí*). An í sin toit?

MAIDHC: Cén áit?

CÓIRÍN: Ag éirí aníos as mo shimléar?

MAIDHC: 'Sí.

CÓIRÍN: Tá cuma shnasta ar na fuinneoga?

MAIDHC: An bhfeiceann tú an ceann sin thall, ar an bpinniúr? Briseadh an ghloine inti le linn na stoirme móire.

CÓIRÍN: Dá mbeadh a fhios a'm, agus mé as baile, go raibh duine éicint ag tabhairt aire do mo theachsa …

MAIDHC: Dá bhfágfaí an fhuinneog sin gan ghloine, d'éireodh an teach tais. Rinneadh dochar do mo theach féin an oíche chéanna, agus do theach Bheairtle Sheáin.

CÓIRÍN: Ba é an t-aer úr an rud ba mhó a mhisseáil mé. A bheith in ann siúl cois trá. Ag breathnú amach ar na tonnta, ag iarraidh mé féin a ligean anuas san aigéan.

MAIDHC: Níl tú ag iarraidh … níl sé ar intinn a't?

CÓIRÍN: Ná bíodh aon imní ort.

MAIDHC: Bhí Micí Dan ag iarraidh cead pleanála tithe saoire a thógáil thall ar an Ros, ach chuir chuile dhuine ina choinne.

CÓIRÍN: Céard eile a tharla fad is a bhí mé as láthair?

MAIDHC: Cailleadh Nóra Rua, agus Máire Pháidí Eoghain. Agus bádh Tríona Ní Chonaola agus Séimí Ó Flaithearta – chuaigh siad ag snámh thiar ar an Dóilín, oíche a raibh an ghealach lán, is an bheirt acu súgach go maith.

CÓIRÍN: Na dea-scéalta, a Mhaidhc? Nach bhfuil aon dea-scéalta a't?

MAIDHC: Rugadh na huain. Tháinig na turasóirí, is na Gaelinns. Na rásaí báid. An Pléaráca. Bhí an Geimhreadh iontach fuar. Ansin an tEarrach arís – d'fhan chuile rud mar a bhí, is mar a bheidh go deo.

CÓIRÍN: Chuile rud?

MAIDHC: An chaoi a mbraithim fút.

CÓIRÍN: Níl mé ag iarraidh a chloisint faoi sin.

MAIDHC: D'fhoghlaim mé mo cheacht cheana.

CÓIRÍN: Tá súil a'm gur fhoghlaim.

MAIDHC: Cairde sinn?

CÓIRÍN: Is tú an cara is fearr dá raibh a'm riamh, is a bheidh a'm go deo.

MAIDHC: Ní bheidh mé ag rá aon cheo, ag cur aon cheisteannaí.

CÓIRÍN: Go maith. Mar ní bheidh mise ag tabhairt aon fhreagraí. Go raibh maith a't as an tine a lasadh. As súil a choinneáil ar an teach. As an bhfuinneog a dheisiú.

MAIDHC: Míle fáilte romhat.

Baineann CÓIRÍN *a gúna di.*

MAIDHC: D'fhág mé bainne ar an mbord. Arán agus tae. Uibheacha.

CÓIRÍN: Go raibh maith a't, a Mhaidhc.

MAIDHC: A Chóirín na dtonn, d'airigh mé uaim thú.

CÓIRÍN: D'airigh mé mo theachsa uaim. Mo gharraí. Na luibheanna, is na glasraí. Agus, sea, d'airigh mé thusa uaim, a Mhaidhc.

Isteach léi san uisce, MAIDHC *ag breathnú ina diaidh. Múchtar na soilse. Amach leo.*

Deireadh

TEARMANN

Dráma Dhá Ghníomh

Bhain an dráma seo Duais an Oireachtais do Dhráma Ilghníomh in 2006 agus Duais Fhoras na Gaeilge i Lios Tuathail sa bhliain chéanna.

Scéal domhain uilíoch é seo, a bhfuil lón machnaimh ann faoi mhianach an duine agus faoi éagóir an tsaoil. Dráma dorcha lán le teannas síceolaíoch atá ann, agus réiteach dorcha éadóchasach ina dheireadh. Dráma mór é seo, dráma tábhachtach – chuirfeadh sé Beckett, Kafka, Ó Cadhain nó Pinter i gcuimhne duit.

Tá an carachtrú go maith agus an idirghníomhaíocht eatarthu ar fheabhas. Tá suim againn i ngach duine ann agus ina bhfuil / a mbeidh ag tarlúint dóibh. Tá an tsuim seo agus atmaisféar an teannais agus an uafáis cruthaithe go hiomlán sa scríbhneoireacht chumasach, ghairmiuil, fhíordhrámatúil. Cothaíonn gontacht an chomhrá luas san insint gan baint den scrúdú domhain atá sa saothar seo ar mhórthéamaí ar nós fírinne, bráithreachas, géarleanúint.

Is dráma dea-fhuinte é agus an insint glan soiléir ó thús deireadh.

– Moltóirí an Oireachtais

Ionad coinneála is ea an saol ar fad sa dráma nua seo le Celia de Fréine, áit nach bhfuil aon luach ar an bhfírinne is nach bhfuil d'fhéiniúlacht fanta sna daoine ach na freagraí bréige a chumann siad do lucht a gciaptha le súil go scaoilfear saor iad. Ó athraíodh an bunreacht sa tír anaithnid seo, is cuma cad as do dhuine ná dá mhuintir roimhe, is iad na freagraí cearta amháin a dheineann saoránach dó agus di, agus athraíonn na freagraí ó lá go lá. Dráma tráthúil is ea é seo a ardaíonn ceisteanna bunúsacha faoin saol agus faoin tír ina mairimid ar shlí íogair chorraitheach.

– Louis de Paor,
Moltóir, Dhuais Fhoras na Gaeilge

Pearsana

Aingeal	bean gan chuimhne, thart ar 30 bliain
Greta	scéalaí, thart ar 60 bliain
Zoë	damhsóir, 30 bliain
Marcus	innealtóir, 40 bliain
Guth	bairdéir a bhíonn le cloisint ó am go ham.

An Seit

Seanstór, le díon sinciarainn, atá sa seit, áit a mbíodh cuid den Charnabhal – Traein na dTaibhsí – lonnaithe fadó, ach atá in úsáid faoi láthair mar Ionad Coinneála do Theifigh. Tá rianta an charnabhail fós le feiceáil anseo is ansiúd – seanluascán, scátháin anchumtha, píosaí de chluiche fonsaí.

I gcúl an stáitse tá barra, ag a mbíonn Zoë *ag cleachtadh, mar aon le leapacha bunc agus cúpla tocht. Chun tosaigh tá cathaoireacha infhillte, seanbhord, citeal leictreach, bosca garchabhrach, potaí, cupáin, scuab urláir &rl. Ar dheis tá doras chuig an leithreas/gcistin; ar chlé an doras trína gcaitear isteach, is a nglaoitear amach ar, na carachtair; gar don díon tá cúpla fuinneog.*

Nótaí

Tá an dráma seo suite san am i láthair i dtír ina bhfuil teifigh ag iarraidh tearmainn. An fhírinne, agus an chaoi a mbíonn sí á lúbadh ag na carachtair le maireachtáil, atá faoi chaibidil ann.

Is bean gan chuimhne í Aingeal *ach, an dráma ag druidim chun deiridh, is léir go bhfuil sí ar a ciall i gcónaí. Is scéalaí í* Greta *a chreideann gur gá fíricí na fírinne a chur as a riocht lena bhfuil ceart is cóir a nochtadh. De réir a chéile is léir go bhfuil* Zoë *toilteanach sceitheadh ar a cairde lena cás féin a bhrú chun tosaigh. Is fear praiticiúil é* Marcus, *a chaitear isteach san ionad trí thimpiste, taithí aige ar a bheith faoi shlat ag a bhean.*

GNÍOMH A hAON

RADHARC A hAON

Tráthnóna fuar geimhridh

Dorchadas. Cloistear coiscéimeanna troma, doirse cruach ag oscailt agus ag dúnadh. Lastar solas. AINGEAL *ina suí ag an mbord,* ZOË *os a comhair amach, á ceistiú, foirmeacha ar an mbord roimpi.* GRETA *ina seasamh taobh le* ZOË, *tóirse ina láimh aici, é dírithe ar aghaidh* AINGEAL. *Ceistiúchán bréagach atá ar siúl ag an triúr, ach níl sé seo soiléir ar dtús.* GRETA *ag iarraidh cuidiú le h*AINGEAL *a sonraí a nochtadh;* ZOË *ag iarraidh na sonraí seo a chruinniú do na húdaráis;* AINGEAL *á hiompar féin go soineanta, páistiúil, mar a dhéanfadh óinseach.*

ZOË: Ainm? Ainm, a deirim!

Ligeann GRETA *osna. Caitheann* ZOË *drochshúil uirthi agus leanann uirthi ag ceistiú* AINGEAL. *Fanann* AINGEAL *ina tost.*

ZOË: Ainm? (*ag scríobh*). Aingeal. Go bhfios dúinn. Gnéas – bean, is cosúil. Aois – aois? Thart ar thríocha, déarfainn. Stádas – neamhphósta. Páistí? Gan pháistí – go bhfios dúinn. Gairm – gairm? Caithfidh tú na ceisteanna a fhreagairt. Ní thuigimse cén fáth go mbíonn tú mar seo.

Claonann AINGEAL *a cloigeann.*

ZOË: Tosóidh mé arís: ainm? Cén t-ainm atá ort?

AINGEAL: *(go híseal).* Aingeal.

ZOË: Céard é d'ainm ceart?

AINGEAL: Aingeal.

ZOË: Níl ansin ach leasainm.

AINGEAL: Níl a fhios agam an é m'ainm ceart é nó nach é.

ZOË: Abairt! Tá sí tar éis abairt a chur le chéile, cé gur abairt dhiúltach í. Den uair dheireanach: cén t-ainm atá ort?

AINGEAL: Aingeal.

ZOË: *(go mífhoighneach).* Cárb as duit?

AINGEAL: Tír i bhfad i gcéin.

ZOË: Ainm na tíre?

AINGEAL: Trasna na dtonnta. I bhfad i gcéin.

ZOË: Cén saghas rialtais atá inti?

AINGEAL: Deachtóireacht.

ZOË: Ainm an deachtóra?

AINGEAL: An Fear Mór.

ZOË: Agus a rialtas?

AINGEAL: Is deachtóir é. *(faitíos uirthi go bhfuil an iomarca ráite aici).*

ZOË: Cén fáth ar tháinig tú anseo?

AINGEAL: D'éalaigh mé.

ZOË: Cén fáth?

AINGEAL: Níor chaith sé go maith liom.

ZOË: Céard a rinne sé ort?

AINGEAL: Ní cuimhneach liom.

ZOË: Inis dom céard a rinne sé ort nó déanfaidh mé tú a thachtadh.

Caitheann AINGEAL *a cathaoir siar agus tosaíonn ag bréagchaoineadh. Ritheann sí go cúl an stáitse.*

GRETA: Is leor an méid sin, a Zoë.

ZOË: Tá freagraí uaim, a Greta.

GRETA: Nach bhfuil do dhóthain agat anois?

ZOË: Bhí mé ar tí briseadh tríd. Bhí eolas úrnua faighte agam: deachtóir, tír i bhfad i gcéin.

GRETA: Glac leis an méid sin. *Sos.* Sílim gur éirigh go geal linn inniu. Go raibh maith agat, a Aingeal.

Múchann GRETA *an tóirse agus ardaítear na soilse. Seasann* ZOË. *Cuireann an bheirt acu an bord i leataobh. Tosaíonn* ZOË *ag scuabadh an urláir, í ar buile. Anonn le* GRETA *chuig* AINGEAL *agus cuireann a lámha thart uirthi.*

GRETA: Éireoidh go geal leat, a stór.

AINGEAL: Ar oir na freagraí daoibh?

GRETA: D'oir.

ZOË: Ní raibh siad pioc sásúil.

GRETA: Tá tú ródhian uirthi, a Zoë. A Aingeal, is tú an cailín is fearr.

AINGEAL: Go raibh maith agat, a Greta.

GRETA: An cailín is cliste agus is deise.

AINGEAL: Is tuisceanach an bhean thú.

ZOË: Tá mé spréachta ag an mbeirt agaibh. Caithfidh sí na freagraí cearta a bheith aici má tá sí ag iarraidh fanacht sa tír seo. Ach ní chuidíonn sí riamh liom. Agus tusa á gríosú – tá tú níos measa ná í!

GRETA: Thug sí a hainm duit. Agus sonraí leis.

AINGEAL: Tá mé ag dul i bhfeabhas, nach bhfuil?

GRETA: Tá, a stór. Tá.

AINGEAL: Seans go gcreidfidh siad mé? Seans go ligfidh siad isteach mé?

GRETA: Seans mór millteach.

AINGEAL: Cuireann tú mo mháthair i gcuimhne dom.

GRETA: An cuimhneach leat do mháthair?

AINGEAL: Bean ghleoite is ea í. Le smideadh is béaldath bándearg.

GRETA: Coinnigh ort!

AINGEAL: Tá sí gléasta go púdrach péacach. I ngúna fada.

ZOË: *(le* GRETA*).* Seans go bhfuil ag éirí linn, tar éis an tsaoil!

AINGEAL: Feicim ag damhsa í.

ZOË: Cén saghas damhsa?

AINGEAL: Tangó. Tá sí i mbun tangó.

Tosaíonn AINGEAL *ag déanamh tangó.*

ZOË: Léi féin?

AINGEAL: Leis an bhFear Mór.

(Beireann AINGEAL *ar* ZOË. *Siar is aniar leo).*

ZOË: Céard eile, a Aingeal? Céard eile atá san íomhá?

AINGEAL: Tá sí ag cur a lámh thart air. Seaicéad bán á chaitheamh aige. Dals ghorm. Solas ó choinnleoir ag lonrú orthu. Nuair a chasann siad is féidir diamaint a fheiceáil ar a muineál. Suaitheantais ar a chliabhrach. Timpeall is timpeall leo. A lámha ar a dhroim bán. Iad ag cur fola. An bán agus an gorm agus an dearg ag sní le chéile.

De réir a chéile moillíonn siad a gcoiscéimeanna go dtagann deireadh leis an damhsa.

GRETA: Tá mé fíorbhródúil asat.

AINGEAL: An ndéanfaidh sé maith ar bith dom?

GRETA: Céard a cheapann tusa, a Zoë?

ZOË: Cén chaoi a mbeadh a fhios agamsa?

GRETA: Tá tusa anseo níos faide ná éinne eile.

ZOË: Ní mise a dhéanann na rialacha.

GRETA: Tá siad curtha de ghlanmheabhair agat.

ZOË: Nach n-athraíonn tusa do phort riamh?

GRETA: A Aingeal, abair leo go bhfaca tú do mháthair á ciapadh, má chonaic.

ZOË: Bheadh sé chomh maith agat a rá gur comhoibrí an Fhir Mhóir í.

AINGEAL: Cén chaoi comhoibrí?

ZOË: Má tá sí ag damhsa leis, nach léir gurb í a chomhluadar leapa í; más ea, nach bhfuil sé soiléir go bhfuil sé ar intinn aici a mhuineál a ghearradh agus é ina chodladh?

GRETA: Níor smaoinigh mé air sin. Seans gur príosúnach í. Go bhfuil sí ag damhsa leis in aghaidh a tola.

ZOË: An príosúnach í?

AINGEAL: Tá sí i ngrá leis.

ZOË: Ach an bhfuil sí i ngéibheann?

AINGEAL: *(faitíos uirthi go bhfuil an iomaraca ráite aici).* Tá. Tá sí i ngrá. Is príosúnach í. *(agus an íomhá ag dul as radharc).* A Mhamaí! A Mhamaí, gabh i leith!

Titeann AINGEAL *ina cnap ar an urlár.*

GRETA: *(ag cromadh chuici).* Éist, a stór – ní cuimhneach leat céard as duit, nach bhfuil an ceart agam?

Claonann AINGEAL *a cloigeann. Cabhraíonn* GRETA *léi éirí.*

GRETA: Nach bocht an cailín thú nach bhfuil cúlra ar bith agat. Scéal ar bith le hinseacht don domhan mór!

AINGEAL: Cum scéal dom, a Greta. Scéal mo shaoil. Cum cúlra dom, led thoil.

ZOË: Táimid ag iarraidh a cúlra a aimsiú, seachas fabhalscéal eile a chloisint.

GRETA: Má tá sí le dídean a fháil sa tír seo, caithfidh sí scéal a bheith aici. Scéal a ciaptha – an fáth go raibh uirthi a tír dhúchais a thréigean is teacht chuig an áit seo.

ZOË: Más bean gan scéal í …

GRETA: Mura bhfuil an fhírinne ar eolas aici, nár chóir scéal a chumadh di? Cibé scéal atá SIADSAN ag iarraidh a chloisint le dídean a thabhairt di?

ZOË: Ach ní oireann an scéal céanna i gcónaí. Mar is eol duit go maith. Lá amháin tugann siad aird ar scéal an chiaptha. Lá eile scéal an idirdhealaithe a bhíonn faoi chaibidil acu. Mí-úsáid, scaití. Luach ar do chloigeann. Claonadh polaitiúil …

GRETA: Cuireann an méid a bhíonn ar eolas agat iontas orm, a Zoë.

ZOË: *(go cosantach).* Tá mé anseo níos faide ná éinne eile, tú féin a dúirt é.

AINGEAL: Cén uair a tháinig mise anseo?

GRETA: Oíche an tsneachta.

ZOË: Na scéalta sin a bhíonn á n-inseacht agat, a Greta – an bhfuil siad fíor?

AINGEAL: Talamh bán. Doras dubh.

GRETA: Gach ceann acu.

AINGEAL: Fiú mo scéalsa?

GRETA: Nár tharla an rud ceannann céanna dúinn go léir? Ciapadh muid. Mí-úsáideadh muid. Bhí muid i ngéibheann. Táimid i ngéibheann.

ZOË: Ach, a Greta ...

GRETA: An rud a gcaithfimid cuimhneamh air ná an *spin* ceart a chur ar ár dtráchtais. *Sos.* Gabh i leith: cén chaoi a bhfuil a fhios againn céard é príomhscéal an lae? An scéal áirithe sin atá SIADSAN ag iarraidh a chloisint an lá a nglaoitear amach orainn?

ZOË: Nach in í an fhadhb!

GRETA: Tá mé in éad le hAingeal. Bhí trua agam di, ach anois – mura bhfuil cuimhne ar bith aici, seans nár ghá di a bheith imníoch faoin *spin* ceart a chur ar an scéal ceart.

AINGEAL: In éad liomsa!

GRETA: Ach fós féin, caithfimid teacht ar réiteach éicint.

ZOË: Seans go bhfillfidh do mháthair, a Aingeal.

AINGEAL: Déanfaidh mé iarracht glaoch uirthi: a Mhamaí! A Mhamaí!

Meallann ZOË AINGEAL *chun damhsa ag iarraidh a thuilleadh eolais a fháil uaithi.*

ZOË: An gúna bán atá uirthi an babhta seo?

AINGEAL: *(ag claonadh a cloiginn).* É déanta as úrshíoda – sciorta leathan, a bhfuil na mílte fosciorta faoi. Lámhainní fada.

Siar is aniar leo.

ZOË: Agus a bróga?

AINGEAL: Tá siad déanta as snasleathar.

Coinníonn ZOË *agus* AINGEAL *orthu ag damhsa. Buaileann* GRETA *an bord go láidir rithimiúil. Agus iad faoi lán seoil cloistear coiscéimeanna, doras ag oscailt agus ag dúnadh. Caitear* MARCUS *isteach ina measc, a mhála ina dhiaidh. Rollaíonn sé go lár an stáitse. Stadann an triúr agus seasann thart air.*

ZOË: An bhfuil páipéirí agat?

Cúlaíonn MARCUS *uaithi.*

GRETA: Fear eile!

AINGEAL: Tá faitíos orm.

*Aníos le h*AINGEAL *ar an luascán. Anonn le* MARCUS *chuig an doras.*

MARCUS: *(ag bualadh ar an doras).* Scaoil amach mé!

ZOË: Nach bhfuil sé láidir!

MARCUS: Scaoil amach mé!

ZOË: Gan chiall, is trua.

GRETA: *(le* MARCUS*).* Níl siad in ann tú a chloisint.

Coinníonn MARCUS *air ag bualadh ar an doras. Anall leis chucu tar éis tamaill, nuair is léir gur obair in aisce atá ar siúl aige. Cé gur gabhadh trí thimpiste é, agus go bhfuil a fhios aige go scaoilfear saor ar ball é, tá sé buartha ach, ag an am céanna, ag ligean air nach bhfuil aon cheo ar eolas aige faoi céard atá ar siúl.*

ZOË: An bhfuil páipéirí agat?

MARCUS: *(go cúthail).* Choinnigh siadsan iad.

ZOË: Liúdramán!

MARCUS: *Sos.* Cá bhfuil mé?

GRETA: Bhí páipéirí agat agus chaill tú iad?

ZOË: Nár chuala tú an chéad uair é? Choinnigh siadsan a pháipéirí.

GRETA: Bhí féiniúlacht aige. Sonraí.

ZOË: Agus chaill sé iad!

Stánann ZOË *ar* MARCUS. *Cúlaíonn sé uaithi.*

MARCUS: Cé sibhse?

GRETA: Do chompánaigh.

Anonn le MARCUS *chuig an doras le cic a thabhairt dó.*

ZOË: Do chomhphríosúnaigh.

AINGEAL: Do theaghlach.

Anall le MARCUS *arís. Breathnaíonn sé ar* AINGEAL. *Stadann sí den luascadh.*

GRETA: Cén t-ainm atá ort?

MARCUS: *(go cosantach).* Ní gá dom aon cheo a inseacht daoibhse.

GRETA: Feicfimid! *Sos.* Níl aon leigheas againne ar an scéal. Níor iarr muidinne orthu tú a fhágáil anseo.

Ligeann AINGEAL *scréach gháire.*

AINGEAL: Aingeal is ainm domsa.

GRETA: An-mhaith, a stór! An-mhaith!

MARCUS: *(go cúthail).* Cá as ar tháinig sibh?

GRETA: As ceithre chúinne an domhain.

ZOË: Céard fút féin? Cá as ar tháinig tusa?

MARCUS: Céard é sin duitse?

GRETA: Déarfainn féin gur as an Oirthear a tháinig sé. Tá an chuma sin air.

AINGEAL: Oirthear an Domhain! Cén áit í sin?

MARCUS: Cé nach mbaineann sé libh, beag ná mór, is as an sráidbhaile mé.

ZOË: Cén sráidbhaile?

MARCUS: An ceann thiar an bóthar.

(Tuigtear do MARCUS *go mbeidh sé sáinnithe leis an triúr go ceann tamaill. Beartaíonn sé méid áirithe eolais/sonraí a thabhairt dóibh).*

GRETA: Ach is eachtrannach thú?

MARCUS: Is de bhunadh na háite seo mé.

ZOË: Tuige a bhfuil tú anseo mar sin?

GRETA: San Ionad Coinneála?

MARCUS: Ní thuigim cén fáth ar caitheadh isteach anseo mé. Ní dhearna mé tada.

ZOË: Muidinne ach oiread.

MARCUS: Cén fáth a bhfuil sibhse anseo?

GRETA: Táimid ag iarraidh a fháil isteach sa tír seo.

ZOË: Ní dhearna tú tada?

MARCUS: Ní dhearna. Go bhfios dom.

GRETA: *Sos.* Breathnaigh an t-am.

Amach le GRETA *chuig an gcistin.*

ZOË: Ar cuireadh rud éigin id leith?

MARCUS: D'fhreagair mé na ceisteanna. Thug mé m'ainm dóibh.

ZOË: Céard é féin?

MARCUS: *Sos.* Marcus. Agus thug mé sonraí mo ghairme dóibh.

ZOË: Cén ghairm atá agat?

MARCUS: *(ag cumadh dó).* Fear uachtarlainne mé.

ZOË: Is uachtarán thú?

MARCUS: D'fhéadfá a rá.

ZOË: D'fhéadfainnse go leor rudaí a rá.

MARCUS: Is fear gnó mé. Uachtarán ar mo ghnó féin. M'impireacht bheag féin.

AINGEAL: Ní féidir a bheith id uachtarán ar impireacht.

MARCUS: *(ag tuiscint dó).* Tá monarcha bheag agam. Agus caife. *Gelateria.* Déanaim uachtar reoite agus díolaim é.

Isteach le GRETA *leis an suipéar (arán, cais, uisce) a roinntear/itear/óltar ar ball.*

GRETA: Gelateria! Nach focal iasachtach é sin?

ZOË: Cén blas?

MARCUS: Seacláid. Fanaile. Sú talún.

GRETA: Ar thacht tú éinne?

*Anuas le h*AINGEAL.

MARCUS: Uachtar reoite den scoth a chuirimse ar fáil don bpobal.

ZOË: Ar chruthaigh tú blas nua le deireanas?

MARCUS: Táinséirín. B'éigean dom é a dhéanamh. Níor aibigh ná súnna talún i mbliana.

GRETA: Seans nár thaitin sé leo go raibh tú ag cruthú rud úrnua.

AINGEAL: Dath úrnua!

ZOË: Cén áit ar fhoghlaim tú an cheird seo?

MARCUS: Ó m'athair. Fear uachtarlainne ab ea eisean. Agus a athairsean roimhe.

ZOË: Agus cén áit ar fhoghlaim siadsan í?

MARCUS: Sa tseantír.

GRETA: Bhí a fhios agam é. Is eachtrannach é.

ZOË: Ach rugadh sa tír seo é.

GRETA: Eachtrannaigh ab ea a mhuintir.

MARCUS: Theith m'athair chuig an tír seo le linn an Chogaidh Mhóir. Tugadh tearmann dó. Phós sé bean áitiúil. Rugadh anseo mé.

GRETA: Níl aon deartháireacha ná deirfiúracha agat, an bhfuil?

MARCUS: Cén bhaint atá aige sin leis an scéal?

ZOË: Cén aois thú? Lig dom tomhas. *Sos.* Ag druidim le caoga, déarfainn.

MARCUS: Caoga! Níl mé ach ceathracha bliain d'aois.

AINGEAL: Is maith liom a chuid gruaige.

ZOË: Fiú, más fíor dó, caithfidh gur rugadh é sular cuireadh an tAcht sin i bhfeidhm.

GRETA: Cén tAcht?

ZOË: Acht na dTeifeach.

AINGEAL: Céard is teifeach ann?

ZOË: A Greta, tá a fhios agat go maith go raibh mé os comhair an Bhinse faoi dhó. Mhínigh an t-aturnae dom …

MARCUS: Tá aturnae agat?

ZOË: Tá muid uilig i dteideal aturnae a fháil.

MARCUS: Agus an tAcht seo?

ZOË: Tugann sé míniú ar an téarma 'saoránach'.

MARCUS: Tuigim céard is saoránach ann. Rugadh sa tír seo mé. Ach is eachtrannaigh sibhse, is cosúil.

GRETA: Ní de bhunadh na tíre seo iad do mhuintir.

ZOË: Nár dhúirt tú gur theith d'athair ó thír eile?

MARCUS: Throid sé ar son na tíre seo.

GRETA: Sular cuireadh an tAcht sin i bhfeidhm. Sula raibh daonlathas i réim!

ZOË: Cé atá eolach anois?

GRETA: Sin mar a bhíonn an scéal i gcónaí. Mar a bhí riamh is mar a bheidh go deo. Nuair a athraítear an rialtas cuirtear achtanna nua i bhfeidhm.

AINGEAL: Ba bhreá liom uachtar reoite le blas táinséirín air a bhlaiseadh.

GRETA: Rinne Marcus rud úrnua – is ceannródaí é.

ZOË: Ní raibh ann ach uachtar reoite.

GRETA: Chruthaigh sé blas úr.

MARCUS: Cheannaigh mé bainne ó na feirmeoirí. D'fhorbair mé gnó. D'fhostaigh mé muintir na háite. Rinne mé uachtar reoite. Cheannaigh muintir na háite é. Bhlais siad é. Thaitin sé leo.

ZOË: Bhunaigh tú córas – patrún. Ansin d'athraigh tú é. Tharraing tú aird ort féin.

Múchtar na soilse ach sileann solas na gealaí isteach trí na fuinneoga arda.

MARCUS: Céard a tharla?

GRETA: Tá sé in am dúinn dul a chodladh.

*Aníos le h*AINGEAL *ar an mbunc uachtarach. Anuas le* GRETA *ar an mbun íochtarach.*

MARCUS: Neamhchodlatóir mise.

GRETA: Is féidir leat an tocht sin a úsáid.

ZOË: Is liomsa an bunc uachtarach an tseachtain seo.

GRETA: Lig di. Nach bhfuil sí thuas ann cheana féin?

ZOË: Níl sé pioc féaráilte.

MARCUS: Ar éigean atá mé in ann aon rud a fheiceáil.

GRETA: Nuair a sciurdann na néaltaí thar an ngealach beidh tú togha.

Anonn le MARCUS *chuig an doras.*

MARCUS: Scaoil amach mé.

Luíonn ZOË *ar thocht. Tugann* MARCUS *cic don doras, ansin luíonn ar an urlár. Íslítear na soilse.*

An mhaidin dár gcionn.

Ardaítear na soilse go mall réidh, mar a bheadh solas na gréine ag sileadh isteach. ZOË *ag útamáil thart, ag scrúdú ghiuirléidí a compánach. An triúr eile ina gcodladh fós,* MARCUS *taobh leis an doras, an bheirt eile sna buncanna. Tosaíonn* ZOË *ag aclaíocht. De réir a chéile dúisíonn* MARCUS.

ZOË: Ar chodail tú go maith?

Caitheann MARCUS *drochshúil uirthi. Anall leis chuig an mbord, áit a bhfaigheann sé cupán uisce.*

MARCUS: Céard atá ar siúl agat?

ZOË: Tá mé ag cleachtadh don lá mór.

MARCUS: Cén lá mór?

ZOË: An lá a mbeidh mé saor. Gabh i leith, cén aois mé, dar leat?

MARCUS: Bliain is fiche, déarfainn.

ZOË: Nach tú an plámásaí?

MARCUS: Bí cúramach – má bhriseann tú do mhuineál! Nó do chos, fiú amháin ...

ZOË: Scaoilfidh mé rún leat: tá mé tríocha bliain d'aois. Má ligeann siad isteach sa tír seo mé, laistigh de bhliain, beidh mé fós in ann damhsa. Glacadh leis na páirteanna móra.

MARCUS: Agus mura ligtear isteach thú?

ZOË: Ligfear isteach mé. Ar ball. Fiú má thógann sé cúpla bliain, beidh mé in ann post a fháil mar mhúinteoir. Beidh mé in ann mo scileanna a theasgasc do na gasúir. Céard a dhéanfaidh tú féin?

MARCUS: Cén uair?

ZOË: Fad is a bheidh tú anseo.

MARCUS: Ní bheidh mise anseo ach ar feadh lá nó dhó.

ZOË: Meas tú?

MARCUS: Níl dabht ar bith agam ach go scaoilfear amach go luath mé.

ZOË: Idir an dá linn ceard a dhéanfaidh tú leis an am a chur isteach?

MARCUS: Cén chaoi?

ZOË: Le coinneáil cruógach? Caithfidh tú rud éicint a chleachtadh.

MARCUS: Déarfaidh mé rud amháin leat: níl sé ar intinn agam dul ag aclaíocht, más é sin atá i gceist agat.

ZOË: D'fhéadfá roinnt meáchain a chailliúint.

Tosaíonn MARCUS *ag breathnú thart air.*

ZOË: Cibé rud a oireann duit. Ach mholfainn duit gan fanacht díomhaoin.

MARCUS: Ní raibh mise díomhaoin riamh.

Feiceann MARCUS *an cluiche fonsaí. Tosaíonn sé á scrúdú. Dúisíonn* GRETA.

GRETA: Cén t-am é?

ZOË: Am bricfeasta.

GRETA: A Zoë, tuige nár dhúisigh tú mé? *(go ciniciúil).* Bhí tú cruógach! 'Bhfuil an t-uisce beirithe agat?

ZOË: Níl.

Tosaíonn GRETA *ag beiriú an uisce. Cuidíonn* ZOË *léi.*

GRETA: Céard a thug tú leat? Don mbricfeasta?

MARCUS: Mise? Tada.

GRETA: Céard atá sa mála agat?

MARCUS: Gnáthrudaí fearúla – tá a fhios agat – rásúr, ciarsúr.

Tosaíonn MARCUS *ag útamáil lena mhála. Breathnaíonn* ZOË *isteach ann thar a ghualainn. Cúlaíonn* MARCUS *uaithi. Ritheann sí ina dhiaidh agus éiríonn léi an mála a bhaint de.*

ZOË: Déantar gach rud a roinnt anseo. Tá trí bharra seacláide aige. Agus mála milseán. *Macaroons.*

Dúisíonn AINGEAL. *Anuas léi.*

AINGEAL: Céard iad *macaroons*?

GRETA: Nár bhain tusa néal amach, muis! Beidh an bricfeasta againn ar ball.

AINGEAL: Nach deas an focal é!

Roinneann ZOË *barra seacláide leis an mbeirt bhan agus tugann na barraí eile agus na milseáin do* GRETA *a chuireann sa mbosca garchabhrach iad.*

AINGEAL: Isteach leo. I measc na dtáibléad.

Glacann na mná píosa aráin agus cupán tae. Anall le MARCUS *i dtreo an bhoird ach níl aon bhia fágtha. Roinneann* AINGEAL *a cuid is tairgeann píosa do* MARCUS. *Caitheann sé drochshúil uirthi.*

GRETA: Caithfidh sé go bhfuil sé ag iarraidh a bheith ina throscadh ar feadh an lae!

Agus solas an lae ag sileadh isteach, nochtar na scátháin. Téann MARCUS *thart orthu ag breathnú air féin, é ar buile.*

ZOË: Nach tú atá ramhar!

AINGEAL: Nach tú atá tanaí!

ZOË: Breathnaigh an colm ar a ghnúis! Caithfidh sé go raibh sé ag troid.

AINGEAL: Tá súil agam nach dtabharfaidh sé fúinne!

MARCUS: Leagaigí as!

AINGEAL: Is maith liom an chuma atá air anois.

MARCUS: Céard iad na rudaí seo?

ZOË: Seantrealamh éicint a bhí san áit cheana.

GRETA: An cuimhneach leat na pictiúirí, a Aingeal?

AINGEAL: Cé na pictiúirí?

ZOË: Bhí siad uafásach, nach raibh?

GRETA: Agus an bhean sin, Alexandra?

ZOË: Agus Tanya?

GRETA: Bhí an bheirt acu scanraithe ag na pictiúirí. Chaitheadh siad an oíche ar fad ag screadaíl, go háirithe nuair a bhíodh an ghealach lán.

De réir a chéile tuigeann MARCUS *cá bhfuil sé. Cé go raibh sé chun fanacht socair go scaoilfí saor é, tá a dhóthain den triúr fulaingthe anois aige agus beartaíonn sé bealach ealaithe a lorg.*

MARCUS: Cé na pictiúirí?

ZOË: Pictiúirí de rudaí móra uafásacha.

GRETA: Conriochtaí is cliathramáin is gúil is gach créatúr as gach fabhalscéal a insíodh riamh.

MARCUS: Bhí mé ag ceapadh gur aithin mé an áit seo.

ZOË: Bhí siad anseo an chéad lá ar tháinig mise anseo. Ach bhí orainn iad a chlúdú le péint liath.

MARCUS: An carnabhal!

GRETA: Carnabhal ceart a bhí ann. Bhí drogall ar éinne fanacht sa tír seo an t-am sin. Bhí siad uilig ag iarraidh filleadh ar a dtír dhúchais.

AINGEAL: Níor thaitin an dath liath liom riamh.

MARCUS: Bhíodh carnabhal anseo agus mé ag fás aníos. Cois farraige. Ba chuig an áit seo a thagainn chuile bhliain le mo thuismitheoirí.

ZOË: Ag rámhaille atá tú.

MARCUS: *(ag útamáil leis na ballaí).* Tuigim anois cá bhfuil mé.

GRETA: Tá tú san Ionad Coinneála do dhaoine atá ag iarraidh tearmainn sa tír seo.

AINGEAL: Is de bhunadh na háite seo eisean.

GRETA: Agus do dhaoine a bhfuil cónaí orthu sa tír seo a bhfuil amhras ORTHUSAN faoina náisiúntacht, nó a ndílseacht.

AINGEAL: Céard is náisiún ann?

MARCUS: Is cuimhneach liom anois – táimid sa seanfhothrach ina mbíodh Traein na dTaibhsí.

AINGEAL: Carnabhal?

GRETA: Nach raibh tusa riamh ar an gcarnabhal? Áit le roth mór a chasann timpeall is timpeall, é lán le suíocháin de dhaoine ag eitilt thart. Iad ag screadaíl is ag caitheamh aníos. Is ainmhithe a bhfuil sé chos orthu.

AINGEAL: Ní fheicimse aon roth.

GRETA: Is stallaí le cluichí tomhais. Is bean feasa ag léamh na gcártaí.

AINGEAL: Tá fonsaí beaga againn.

MARCUS: An fáth go mbíodh an carnabhal amuigh anseo – tá an talamh sa gceantar seo lofa.

AINGEAL: Lofa?

GRETA: Is cuimhneach liom, bliain amháin, bhuaigh mé teidí. Panda. *Sos.* Ní fhéadfadh Traein na dTaibhsí a ghabháil tríd an áit seo. Tá sí róbheag.

Amach le GRETA *chuig an gcistin leis na cupáin, &rl.*

MARCUS: Bhíodh trí nó ceithre sheomra istigh sa bhfoirgneamh seo. Théadh an traein ó cheann amháin go ceann eile.

ZOË: Má bhí seomraí éagsúla anseo caithfidh sé go raibh doirse eatarthu.

MARCUS: Más buan mo chuimhne. Doirse agus tolláin. Ach nuair a thit an áit i léig bhíodh daoine ag spaisteoireacht thart iontu. Gasúir ag súgradh. B'éigean iad a dhúnadh mar go raibh siad róchontúirteach.

ZOË: Meas tú an bhfuil na doirse fós ann?

AINGEAL: Agus na tolláin?

MARCUS: Líonadh le clocha an tráth sin iad. Ach seans nár líonadh i gceart iad. Má tá bealach amach as an áit lofa seo, tá mise chun é a aimsiú.

Tosaíonn MARCUS *ag scrúdú na mballaí an athuair.*

ZOË: Tusa a caitheadh isteach anseo trí thimpiste? Nach mbeidh anseo ach ar feadh lá nó dhó?

MARCUS: Dá mbeifeása i mbun monarchan nach mbeifeá ar bís ag iarraidh filleadh uirthi?

AINGEAL: Seans go dtabharfaidh tú jabanna dúinn!

MARCUS: An bhfuil ceann uait?

AINGEAL: Braitheann sé.

ZOË: An bhfuil mórán monarchan sa tír seo?

AINGEAL: Sea, sílim gur mhaith liom jab in uachtarlann.

ZOË: Céard faoi dheiseanna eile?

MARCUS: Deiseanna?

ZOË: Jabanna?

MARCUS: Do dhamhsóirí?

Isteach le GRETA.

GRETA: Chuala mise go raibh jabanna ann do chuile dhuine a bhí ag iarraidh oibriú go crua. Pá agus liúntais.

GUTH: 243076.

GRETA: A Zoë!

ZOË: Ó, *no*!

MARCUS: Céard atá ar siúl?

GRETA: Agus níl an cleachtadh déanta againn.

ZOË: A Greta! Céard a dhéanfaidh mé?

GRETA: Éireoidh go geal leat.

MARCUS: An bhfuil éinne agaibh chun a inseacht dom céard is brí leis an nguth sin?

AINGEAL: Tiocfaidh do lá.

GRETA: Nach bhfuil sé soiléir go bhfuil siad ag glaoch uirthi?

ZOË: Is é seo mo sheans deireanach.

GUTH: 243076.

ZOË: Céard a déarfaidh mé leo?

AINGEAL: Abair leo gur ciapadh thú.

GRETA: Bain triail as cearta daonna an babhta seo.

ZOË: Cearta daonna?

GRETA: Beimid ag guí ar do shon.

Cloistear doras á oscailt. Amach le ZOË, *drogall uirthi. Anonn le* MARCUS *chuig an doras.*

MARCUS: Tá aturnae uaim!

Cloistear doras á dhúnadh. Buaileann MARCUS *ar an doras. Tugann sé cic dó. Anall leis ansin.*

GRETA: Tusa is cúis leis seo.

MARCUS: Le céard?

GRETA: Ní raibh a scéal cleachtaithe ag Zoë.

MARCUS: Agus mise is cúis leis sin?

GRETA: Tú féin is do chuid cainte faoin gcarnabhal.

MARCUS: Ná bí ag iarraidh an milleán a ligean ormsa. Is strainséir mise.

AINGEAL: Is de bhunadh na háite seo thú.

GRETA: Go hiondúil déanann muid scéal chuile dhuine a chleachtadh go moch ar maidin.

MARCUS: Cén chaoi?

GRETA: Le go mbeidh na freagraí réidh againn don gceistiúchán. Caithfimid na freagraí cearta a chur de ghlanmheabhair.

AINGEAL: Tá mise ag foghlaim na bhfreagraí cearta. Tabharfaidh Greta ceacht duit.

MARCUS: *(ag tabhairt airde ar* AINGEAL*).* Ar éigean atá mé in ann é a thabhairt isteach. *Sos.* Cén uair a tháinig tusa anseo, a Aingeal?

AINGEAL: Ní cuimhneach liom. Dubh agus bán.

GRETA: Tá sí anseo le sé mhí. *Land*áil sí coicís tar éis domsa a chaitheamh isteach.

MARCUS: Agus Zoë?

GRETA: Tá Zoë anseo le bliain.

MARCUS: Le bliain? An féidir daoine a choinneáil anseo ar feadh bliana?

GRETA: Níos mó ná sin. Chuala mise go raibh fear anseo ar feadh trí bliana.

MARCUS: Cunta Monte Cristo, an ea?

GRETA: Bhí fadhbanna lena chuid páipéirí.

AINGEAL: Páipéirí! Ba bhreá liom dá mbeadh páipéirí agam. An dtabharfaidh tusa páipéirí dom?

GRETA: Caithfidh tú do pháipéirí féin a fháil, a stór.

AINGEAL: An mbeidh mé in ann jab a fháil ansin? An bhfuil jab agatsa?

MARCUS: Tá gnó agam – nach raibh tú ag éisteacht liom cheana?

GRETA: Anois, a mhac, bíodh múineadh ort! Má tá tú le maireactáil anseo, inár measc, ní féidir a bheith drochmhúinte linn.

Tosaíonn MARCUS *ag bualadh na mballaí an athuair. Aníos le h*AINGEAL *ar an luascán.*

GRETA: Céard atá ar siúl agat?

AINGEAL: Tá sé ag iarraidh bealach éalaithe a aimsiú.

GRETA: Fan nóiméad. Ní féidir a leithéid de rud a dhéanamh as do stuaim féin.

MARCUS: Mar seo a oibrím go hiondúil.

GRETA: Ní ar an gcaoi sin a dhéantar rudaí anseo.

MARCUS: Cé a leag a leithéid de riail amach?

GRETA: É sin an córas atá curtha i bhfeidhm againn.

MARCUS: Bhuel, ní cóir go mbeadh ormsa glacadh le córas a cuireadh i bhfeidhm sular tháinig mé anseo. *(go misniúil).* Ná ní cóir go mbeadh orm orduithe a ghlacadh uaitse nó ó éinne eile atá sáinnithe sa scioból seo.

GRETA: Go hiondúil pléann muid gach fadhb sula gcuirtear córas i bhfeidhm.

AINGEAL: Tá vótaí againn.

GRETA: Caitheann muid ár vótaí ansin. Daonlathas atá i réim anseo.

MARCUS: Daonlathas atá i réim sa tír seo. Dheamhan maith atá ann.

GRETA: Cé go bhfuil drogall orm aontú leat, seans go bhfuil an ceart agat. Ach ba chóir dúinn é seo a phlé – ó tharlaíonn go bhfuil tú tagtha inár measc – ba chóir dúinn do vóta a chur san áireamh, agus bunreacht úr a leagan síos.

MARCUS: *(a chuid foighne caillte aige).* Déarfaidh mé rud amháin leat, a bhean: níl tada ar eolas agam faoi do shaol go dtí seo, ach tá súil agam go bhfaigheann tú tearmann sa tír seo, mar cuireann tú rialtas agus polaiteóirí na tíre seo i gcuimhne dom. Ní thuigeann siad céard atá le déanamh, nó céard is ceart nó cuí, toisc an t-aer te a bhíonn ag séideadh amach as a mbéil, agus a gcloigne á sá aníos a dtóineanna acu.

Coinníonn MARCUS *air ag scrúdú na mballaí. Luascann* AINGEAL *ina luascán. Suíonn* GRETA *ag an mbord. Múchtar na soilse.*

Radharc a Trí

Iarnóin

Ardaítear na soilse. Osclaítear an doras agus caitear Zoë *isteach sa seomra, í trí chéile. Ritheann* Greta *chuici. Anuas le h*Aingeal *ón luascán.*

Greta: A Zoë!

Zoë: Na bastaird! *(Agus í tar éis socrú a dhéanamh lena ceistitheoirí súil a choinneáil ar a compánaigh, caithfidh sí scéal bréagach a inseacht).*

Greta: Céard a dúirt siad?

Zoë: Rinne mé dearmad an t-éigniú a lua.

Greta: Tá siad ag dul in olcas.

Zoë: D'inis mé dóibh faoin gciapadh.

Greta: Ar luaigh tú cearta daonna?

Zoë: Luaigh.

Greta: Na bastaird! As a meabhair atá siad, go huile is go hiomlán!

Cloistear inneall báid.

Greta: Sssssh!

Aingeal: An bád! Cloisim an bád!

Marcus: *(go cantalach mar nár éirigh leis aon pholl a aimsiú sna ballaí).* Cén bád?

Greta: An bád le daoine a chur ar ais chuig a dtíortha féin.

Marcus: An mbeidh sise á cur ar ais anois?

Tugann Greta *deoch uisce do* Zoë.

Greta: Nach bhfuil sé soiléir go mbeidh?

Zoë: Beidh ar ball, ach ní go fóill ar aon chaoi.

Greta: Fuair tú faoiseamh eile?

Zoë: Tá cead agam achomharc eile a lóisteáil.

Greta: *(amhras uirthi).* An tríú ceann?

ZOË: Bhí focal nó dhó as alt ar an ráiteas a rinne siad cheana.

MARCUS: Cén chaoi?

ZOË: An t-aturnae a mhínigh dom é – rud éicint faoi chruthúnas. Níl siad in ann mé a chur ar ais mar nach bhfuil fáth mo dhíbeartha ráite go cruinn ar na páipéirí acu.

AINGEAL: An mar an gcéanna é do chuile dhuine?

GRETA: Ní dóigh liom é, a stór. Bíodh dóchas agat, cibé.

ZOË: Nach mbíonn tú ag éisteacht riamh?

GRETA: Is scéalaí mé. Bím i gcónaí ag éisteacht.

ZOË: Cuireann tú samhnas orm – an chaoi a gcaitheann tú léise. 'A stór!' 'Bíodh dóchas agat.' Dóchas, mo thóin! Níl seans ar bith aicise.

*Aníos le h*AINGEAL *ar an luascán.*

MARCUS: Toisc a cuimhne a bheith caillte aici?

ZOË: Mura bhfuil cur amach aici ar an gciapadh, nó ar na héagóirí a imríodh uirthi, cén chaoi a mbeidh sí in ann cás a ullmhú, seachas cás a chruthú? Agus rud eile, a Greta, tá siad ag rith trí na hainmneacha go han-sciobtha. Is gearr go mbeidh siad ag glaoch ortsa.

GRETA: Ach níl mo chás-sa ullamh agam.

ZOË: D'fhéadfá an scéal sin a leigheas, seachas do chuid ama a chur amú ag bladar.

Suíonn GRETA *ag an mbord. Tairgeann sí an tóirse do* ZOË *ach diúltaíonn sise glacadh leis.*

ZOË: A Marcus, cuir tusa na ceisteanna uirthi.

MARCUS: Níl aon taithí agam ar mhodhanna ceistiúcháin, ná aithne ar an mbean seo, fiú.

ZOË: Nach in is fearr di? Tá dearcadh úr agat. Beidh tú in ann a scéal a mheas as an nua. Tiocfaidh do cheisteanna aniar aduaidh uirthi. Is mar sin a bhíonn sé i gcónaí, is cuma cá mhéad ceist a bhíonn ullamh againn.

Cloistear trucailí ardaithe, ola á pumpáil.

MARCUS: Céard é sin?

GRETA: Tá siad ag líonadh an bháid le hola, is cosúil.

ZOË: Thar aon cheo eile, is fuath liom an torann sin.

GRETA: Bhí an ceart ag Aingeal.

MARCUS: Cén saghas báid atá ann?

ZOË: Bád easpórtála na ndaoine. Nach raibh tú ag éisteacht?

GRETA: Línéar mór atá ann. Níl mise ag dul air. Níl mise ag filleadh ar an tseantír.

ZOË: Ní bheidh ort. A Aingeal, breathnaigh céard atá ar siúl.

Breathnaíonn AINGEAL *amach an fhuinneog (ón luascán).*

AINGEAL: Tá an bád sa gcuan.

ZOË: Agus? Céard atá ar siúl thart timpeall air?

AINGEAL: Tá sé in aice an droichid.

GRETA: Coinnigh ort.

AINGEAL: Tá an staighre ag teacht anuas.

MARCUS: Droichead na nDeor. An áit a bhfágadh tuismitheoirí slán ag a ngasúir, sna seanlaethanta, is iad ag dul ar imirce, chuig an domhan nua.

AINGEAL: Droichead na nDeor! Níl éinne ann faoi láthair. An mbeidh daoine ag caoineadh ann amárach?

*Anuas le h*AINGEAL.

GRETA: Beidh, a stór.

AINGEAL: Is cuimhneach liom mo mhamaí.

GRETA: 'Bhfuil sí fós i mbun tangó leis an bhFear Mór?

AINGEAL: Ní dhéanann an Fear Mór an tangó a thuilleadh. Ní fear mór atá aici anois. Ógfhear atá ann.

GRETA: Réabhlóidí, an ea?

AINGEAL: Tá éide ghlas air.

GRETA: Agus ar do mháthair?

AINGEAL: Gúna bán. É gleoite amach is amach.

ZOË: Bíonn gúna bán uirthi i gcónaí. É déanta as úrshíoda – sciorta leathan, a bhfuil na mílte fosciorta faoi. Tá mé bréan de chloisint faoin *friggin'* gúna bán sin.

Beireann AINGEAL *ar* MARCUS *agus casann thart é, faoi mar a dhéantar i ndamhsa tíre. Cé go bhfuil drogall ar* MARCUS *a bheith ag damhsa, is maith leis a lámha a leagan uirthi &rl.*

GRETA: Agus tá sí ag damhsa leis an ógfhear anois?

AINGEAL: Eisean ina éide throda. Iad ag damhsa. Damhsa tíre atá ar bun acu. Aon dó trí. Dó dó trí. Ar ais dó trí. Pósae aici, ceann a bhronn sé uirthi ar ball. Pósae de ghleoráin.

GRETA: Oráiste.

AINGEAL: Dath an oráiste – an ceann a d'ith muid inné.

GRETA: Glas, bán, oráiste!

De réir a chéile tagann deireadh leis an damhsa. Tugann AINGEAL *póg bheag do* MARCUS.

ZOË: B'fhearr duit tabhairt faoin gcleachtadh sin, a Greta. Níl mórán ama againn.

GRETA: Níl seans ar bith agam.

MARCUS: Cén fáth nach mbeadh seans agat?

GRETA: Tá mé ag dul in aois.

AINGEAL: Is maith liom na scéalta.

ZOË: Tá an ceart ag Aingeal. Nach bhfuil scéalta an domhain ar eolas agat?

GRETA: Déarfainn féin nach bhfuil suim acusan ach sa todhchaí. Scéalta don am atá le teacht.

AINGEAL: Céard is brí le 'glas, bán, oráiste'?

MARCUS: Ciallaíonn sé gur poblacht í an tír seo.

AINGEAL: Poblacht!

MARCUS: Sea.

GRETA: Agus is é an córas a bhíonn i réim i bpoblacht an córas is fearr, mar gur bunaíodh trí dhóchas í. Thug fir agus mná a mbeatha leis an tír seo a bhunú.

AINGEAL: Ba bhreá liom a bheith im chónaí i bpoblacht.

MARCUS: Seans go mbeidh, amach anseo.

GRETA: Beidh, a stór. Geallaim duit é.

ZOË: Ná bí a rá sin.

GRETA: Tuige? Nach bhfuil seans ag chuile dhuine atá óg agus folláin.

ZOË: Bean gan chuimhne! Déan dearmad uirthi.

GRETA: An bhfuil muid chun tús a chur leis an gceistiúchán?

Suíonn GRETA *ag an mbord. Beireann* ZOË *ar an tóirse. Aníos le h*AINGEAL *ar an luascán.*

GRETA: Suigh thusa ansin.

Suíonn MARCUS *ag an mbord os comhair* GRETA, *drogall air.*

MARCUS: Cárb as duit?

GRETA: Tír i bhfad i gcéin. Áit a dtugtar neamhaird ar chearta daonna. A gcaitear daoine i ngéibheann gan cúis ar bith.

MARCUS: Céard a thug chuig an tír seo thú?

GRETA: Dóchas.

AINGEAL: Saoirse.

ZOË: Ní féidir é sin a rá. Ní féidir a bheith ag caint ar an am atá le teacht. Caithfidh tú cur síos a dhéanamh ar an am atá thart.

GRETA: Is deacair dul siar air sin.

MARCUS: Ócé! Céard a bhíodh ar siúl agat? Cén saghas jab a bhí agat?

GRETA: *Sos.* Bhí jab agam i rith an lae. Ag obair i scoil. Ach le linn an tráthnóna bhíodh saol eile ar fad agam. Bhualainn le mo chairde. Scata ban cosúil liom féin a raibh jabanna suaracha againn i rith an lae.

MARCUS: Céard a dhéanadh sibh um thráthnóna?

ZOË: Caithfidh tú fiafraí di cén saghas jab a bhí aici i rith an lae. Céard a bhí mícheart leis? An gceapann sí go bhfaighidh sí jab níos fearr sa tír seo? Cén fáth ar fhág sí an jab sin? An imirceach eacnamaíoch í?

MARCUS: Caithfidh mise fiafraí di!

GRETA: Stadaigí beirt! Bhí ag éirí go geal linn. Coinnigh ort, a Marcus.

MARCUS: Tá sé seo amaideach.

GRETA: Beidh siad ag glaoch orm amárach. Déan ar mo shonsa é. Tá dearcadh úr agat. Déanfaidh sé maith dom.

MARCUS: Ócé! Ócé! Céard a bhí á rá agam?

AINGEAL: Cén saghas jab a bhí agat i rith an lae?

MARCUS: Go raibh maith agat. Cén saghas jab a bhí agat i rith an lae?

GRETA: Bhí mé ag obair sa scoil.

MARCUS: Meánscoil nó bunscoil?

GRETA: Bunscoil.

MARCUS: Mar mhúinteoir?

GRETA: Mar fheighlí.

MARCUS: Céard is brí leis sin?

GRETA: Bhí eochracha na scoile agam. Bhíodh orm dul thart ar na seomraí gach tráthnóna le seiceáil an raibh glas ar na fuinneoga agus ar an bpríomhdhoras, is ar an gcúldoras, breathnú nach raibh éinne fágtha sna leithris.

AINGEAL: Is féidir tearmann a lorg sa leithreas.

ZOË: Níor chuala mé an scéal seo cheana.

GRETA: Fíorscéal atá ann.

ZOË: An bhfuil tú cinnte de sin?

MARCUS: Cheap mé go raibh mise i mbun na gceisteanna. Agus céard a bhíodh ar siúl agat le linn an tráthnóna agus tú i gcuideachta do chairde?

GRETA: Bhíodh scéalta á n-insint againn. Seanscéalta. Bhíodh muid á malartú lena chéile. Ag iarraidh greim a choinneáil ar an seanchas.

ZOË: Bhí a fhios agam é! Ba chumadóir thú sular tháinig tú anseo.

GRETA: Nach maith an rud é go raibh? Tá mé in ann cuidiú libh. Cúlra a chumadh do gach éinne.

MARCUS: Céard a tharla ansin?

GRETA: D'fhág duine éicint buama sa scoil. Maraíodh thart ar scór gasúr. Thiontaigh mo chairde uaim – bhí garpháistí acu i measc na marbh. B'éigean dom teitheadh.

MARCUS: Cén chaoi a bhuil a fhios againn nach raibh tusa ciontach i mbás na bpáistí sin?

GRETA: Anois, a mhac, éist liom, agus éist liom go maith – an dóigh leat go bhféadfainnse luchóg a dhaoradh chun báis?

ZOË: An bhfuil cruthúnas agat ar an scéal seo?

GRETA: Dá mbeadh cruthúnas agam ar an scéal ní bheadh orm mo thír dhúchais a thréigean ar an gcéad dul síos. A Zoë, tá iontas orm nach dtuigeann tusa é sin, thar éinne eile!

ZOË: Is iad seo na ceisteanna a chuirfear ort. Caithfidh tú a bheith ullamh.

GRETA: Dheamhan maith duitse a bheith ullamh.

ZOË: Tá mé anseo fós, nach bhfuil?

MARCUS: Níl sa gcleas seo ach cur amú ama.

GRETA: Glacaimis briseadh.

Éiríonn MARCUS *ón gcathaoir. Múchann* ZOË *an tóirse.*

ZOË: An bhfuil mórán cumhachta fágtha sa mbataire?

GRETA: Déanfaidh sé cúis go deireadh na seachtaine.

ZOË: *Sos.* Rinne mé dearmad an dea-scéal a roinnt libh.

AINGEAL: Dea-scéal?

ZOË: Beidh *party* againn amárach.

AINGEAL: An mbeidh cístí againn?

GRETA: Beidh, a stór.

AINGEAL: Cén fáth a mbeidh *party* againn?

ZOË: Is é an Lá Náisiúnta é. Beidh bia agus deoch againn. Cístí. Ceol agus craic.

MARCUS: Rinne mé dearmad glan ar an Lá Náisiúnta.

GRETA: Rinne!

Cloistear aláram.

MARCUS: Céard é sin?

AINGEAL: Soir anoir. Ar ais arís. Siar aniar.

GRETA: Is fuath liom na siúlóidí, thar aon cheo eile.

ZOË: Déanann siad maith duit.

MARCUS: An féidir le duine agaibh míniú ar an scéal a thabhairt dom?

AINGEAL: Feicfidh tú an spéir. Na héin.

GRETA: Bíonn sise ag ceapadh go mbeidh sí in ann eitilt, lá. B'in an fáth ar thug muid Aingeal uirthi.

Aláram arís.

MARCUS: Cá bhfuil sibh ag dul?

GRETA: Amach chuig an gclós. Le haghaidh siúlóide.

MARCUS: Is fuath liom a bheith ag siúl.

ZOË: Ná habair – níl ann ach cur amú ama.

GRETA: B'fhéidir é. Ach nuair a bheidh sé thart gheobhaidh tú béile.

Osclaítear an doras. Amach leo. Dúntar an doras. Múchtar na soilse.

Briseadh

Gníomh a Dó

Radharc a Haon

Tráthnóna

Ardaítear na soilse. Isteach le GRETA, MARCUS *agus* ZOË, *iad traochta. Suíonn* GRETA *agus* MARCUS *ag an mbord agus ólann deoch uisce.*

GRETA: Táimse ag dul in aois. Mura raibh a fhios agam cheana é, táim cinnte dearfa de anois.

MARCUS: Cén mhaith atá sa siúl mura bhfuil tú ag dul aon áit?

ZOË: Caithfidh tú glacadh lena n-orduithe siúd, le baothmhianta an *régime*.

GRETA: Leis an am a chur isteach.

MARCUS: Is deacair glacadh le horduithe d'aon sórt nuair a bhíonn a fhios agat nach bhfuil maith ar bith iontu.

Tosaíonn MARCUS *ag útamáil leis na ballaí.*

GRETA: Nár dhúirt mé leat gan é sin a dhéanamh?

MARCUS: Nár dhúirt mé leat go ndéanfainn é?

GRETA: *Sos.* Tá mé imníoch faoi Aingeal.

ZOË: Nach bhfuil siad á coinneáil ar feadh i bhfad?

GRETA: Ní minic a cheistítear ag an am seo muid. Caithfidh sé go bhfuil deifir orthu inniu.

ZOË: Nach bhfuil an bád sa gcuan?

GRETA: An créatúr! Níl cliú aici.

ZOË: Beidh sí croíbhriste. Níor chóir duit a rá léi go raibh seans aici víosa a fháil. Níor chóir duit a bheith ag inseacht bréige.

GRETA: Rud nach ndearna tusa riamh?

MARCUS: Bhíodh faitíos ar mo mháthair teacht in éindí liom ar Thraein na dTaibhsí. Bhíodh orm taisteal im aonar.

Bogann ZOË *ina threo agus tosaíonn ag bualadh na mballaí, ag déanamh aithrise air. Ligeann* GRETA *osna. Réitíonn sí an bia.*

GRETA: Ní fhéadfaí Aingeal a chur ar an mbád léi féin, cibé. Dá ndéanfadh sí iarracht eitilt. Dá bhfeicfeadh sí na faoileáin ag imeacht leo ...

MARCUS: Cén áit a mbíodh an doras? Fan go bhfeice mé: stadadh an traein anseo; shíneadh an t-inneall agus na caráistí chomh fada siar leis seo. Trí charáiste a bhíodh acu. B'fhearr liomsa an ceann tosaigh. Théadh sé thart i gciorcal mar seo. Agus arís. Faoi thrí, tá mé ag ceapadh. Ansin i dtreo an ghúil anseo agus uaidh sin i dtreo an chonreachta ansiúd agus ansin ...

Cloistear AINGEAL *ag screadaíl.*

GRETA: Go bhfóire Dia orainn.

ZOË: Caithfidh nár éirigh lena hiarratas.

MARCUS: Agus anuas. Anseo, tá mé ag ceapadh. Bhí an ceart agam. Tabhair dom an spúnóg sin.

GRETA: Ní thabharfaidh.

Beireann MARCUS *ar spúnóg agus tosaíonn ag tochailt.*

ZOË: Dúradh linn gan an áit a scriosadh. Tá sé scríofa sna conníollacha.

GRETA: Beidh siad in ann tú a fheiceáil nuair a osclóidh siad an doras. Gearrfar siar ar ár soláthairtí.

Bogann MARCUS *ceann de na scátháin i dtreo na fuinneoige. Athraontar gathanna na gréine i dtreo an dorais.*

ZOË: An-ghlic! An-ghlic ar fad!

Osclaítear an doras agus caitear AINGEAL *isteach, í trí chéile, páipéirí ina glac aici. Stadann* MARCUS *den obair.*

GRETA: A Aingeal, céard a rinne siad ort?

AINGEAL: D'fhreagair mé na ceisteanna.

GRETA: Cén saghas ceisteanna a chuir siad ort?

AINGEAL: Thug mé abairtí dóibh, faoi mar a mhol tú dom, a Greta.

GRETA: Gabh i leith, a stór.

AINGEAL: Ghlac siad grianghraf díom.

GRETA: *(ag breathnú ar an ngrianghraf).* Nach tú atá gleoite!

ZOË: Grianghraf? Céard a dúirt siad?

GRETA: Lig di a scíth a ligean. Nach léir go bhfuil sí traochta?

AINGEAL: Ar chaill mé an dinnéar?

GRETA: Níor chaill, muis.

Tugann GRETA *píosa aráin d'*AINGEAL*; tugann* ZOË *píosa do* MARCUS. *Tosaíonn* GRETA *ag ithe píosa. Ós rud é go bhfuil dídean faighte ag* AINGEAL *anois, braitheann sí slán agus de réir a chéile ligeann don íomhá, atá cruthaithe aici di féin, sleamhnú. Tugann* MARCUS *an méid seo faoi deara. Mura raibh sé cinnte faoi* AINGEAL *cheana, is léir dó anois an cur i gcéill atá ar bun aici.*

ZOË: Bíodh mo chuidse agat anocht, a Aingeal. Beidh béile uait sula gcuireann tú tús led aistear.

Tugann ZOË *píosa eile d'*AINGEAL. *Tosaínn á ithe.*

AINGEAL: Go raibh maith agat, a Zoë. 'Bhfuil tú cinnte?

ZOË: Tá meáchan á chur suas agam. Ní fhaca mé damhsóir ramhar riamh, an bhfaca tusa?

AINGEAL: Is iad na hamhránaithe a bhíonn ramhar.

Cloistear inneall agus trucailí ardaithe.

AINGEAL: Céard é sin?

MARCUS: *Duet* na dtrucailí ardaithe.

GRETA: An cuimhneach leat, a stór? Ar thaitin na ceoldrámaí leat sa tseantír?

AINGEAL: Ní thuigim an cheist.

MARCUS: Na háirianna?

GRETA: Tá sí traochta. Tabhair dom na páipéirí sin agus tabharfaidh mise aire dóibh.

AINGEAL: Dúirt siadsan liom greim a choinneáil orthu.

GRETA: Cuirfidh mise i dtaisce iad.

AINGEAL: An féidir liom tú a thrust?

GRETA: Cinnte, is féidir. Cén saghas ceiste í sin? *Sos.* Cén fáth nach ligeann tusa do scíth agus bíodh an bia sin agat ar ball?

AINGEAL: Céard faoin dinnéar, a Greta?

GRETA: Ar ball, a stór.

AINGEAL: Agus mo phaipéirí?

GRETA: Tabharfaidh mise aire dóibh.

Baineann GRETA *na páipéirí d'*AINGEAL *agus fágann ar an mbord iad. Aníos le h*AINGEAL *ar an mbunc uachtarach, straois uirthi. Réitíonn* GRETA *an bord. Beireann* ZOË *ar pháipéirí* AINGEAL *agus tosaíonn á léamh. Tosaíonn* MARCUS *ag útamáil leis na ballaí arís.*

GRETA: Bhuel, a Zoë, abair liom: cén chúis atá roghnaithe acu len í a chur ar ais?

ZOË: Cúis ar bith! Breathnaigh!

Taispeánann ZOË *na páipéirí do* GRETA. *Tá ríméad ar* GRETA; *tá* ZOË *ar buile. Breathnaíonn* AINGEAL *anuas orthu, samhnas uirthi.*

GRETA: Tá víosa faighte aici!

ZOË: Ní thuigim in aon chor é.

GRETA: Caithfidh sé gur cheap siad go bhfuil sí chomh folláin leis an mbradán seang. Nach bhfuil galar ar bith uirthi. Gur imríodh éagóir uafásach uirthi agus nach féidir í a chur ar ais chuig a tír dhúchais dá bharr. *(ag léamh).* "Deimhnítear go bhfuil cead tugtha don mbean thuaslauite: Aingeal Iníon an Domhain…"

ZOË: Cén saghas sloinne é sin?

GRETA: Ceann nuachumtha, déarfainn. *(ag léamh).* "fanacht sa tír seo agus jab a fháil sna seirbhísí…"

MARCUS: Cén saghas seirbhísí?

GRETA: 'Sna seirbhísí pobail'.

ZOË: Ag glanadh leithreas is ag tabhairt aire do na críonta.

GRETA: Cé a chroidfeadh é? An créatúr! Bainfidh sí néal amach anocht! Caithfimid cuidiú léi í féin a ullmhú. Is a mhíniú di céard is brí leis seo. Céard is gá di a dhéanamh.

ZOË : Sea, coinnigh ort! Cuir do ladar isteach sa scéal mar is dual duit.

GRETA: Nach bhfuil an ceart agam, a Marcus?

MARCUS: Fág mise as.

Cuireann GRETA *na páipéirí agus an grianghraf i dtaisce sa mbosca garchabhrach, fad is atá* ZOË *ag breathnú uirthi. Casann* AINGEAL *ar a taobh, amhail is dá mbeadh sí ag dul a chodladh.*

ZOË: Bhuel, a Houdini. Nach bhfuil na ballaí sin leagtha fós agat?

MARCUS: Bígí ag magadh. Níl mise chun fanacht anseo libhse, a chailleacha gránna!

ZOË: Níl muidinne ag iarraidh go bhfanfá. *Sos.* Ní bheadh sise in ann aire a thabhairt do na críonta. Níl sí in ann aire a thabhairt di féin, fiú amháin.

MARCUS: Is iontach an méid a bhíonn daoine in ann a dhéanamh nuair is gá dóibh.

ZOË: Ní bheinnse in ann ag an tochailt.

MARCUS: Amárach an lá is fearr dó. Beidh na gardaí ar meisce. Ní thabharfaidh siad faoi deara céard a bheidh ar siúl againne.

ZOË: Ar meisce! Agus an bád sa gcuan! Bíodh ciall agat.

Cloistear an t-aláram.

GRETA: Bhí dearmad glan déanta agam ar an Lá Náisiúnta. Cén saghas ceiliúrtha a bhíonn acu, a Marcus?

MARCUS: An gnáthrud. Mórshiúlta. Amhráin tírghrá. Cuimhneachán na laochraí. Mórtas na poblachta. Cothrom na Féinne.

GRETA: Tá mé ar bís lena cheiliúradh. Ar bís.

Anuas le ZOË *ar an tocht. Anuas le* GRETA *ar an mbunc íochtarach. Bogann* MARCUS *an tocht eile in aice an dorais. Anuas leis air. Íslítear na soilse.*

Adhmhaidin

Ardaítear na soilse mar a bheadh an ghrian ag éirí os cionn an ionaid. Bia agus deoch carnaithe ar an mbord. Anuas le ZOË. *Sciobann sí páipéirí* AINGEAL *agus cuireann i gceilt sa leithreas/cistin iad. Ansin tosaíonn sí ag aclaíocht. Éiríonn* MARCUS. *Isteach sa leithreas leis. Amach leis ansin agus tosaíonn ag obair ar na ballaí. Éiríonn* GRETA *agus tosaíonn ag pacáil giuirléidí* AINGEAL.

MARCUS: *(ag breathnú ar an mbia)*. 'Raibh Daidí na Nollag anseo aréir?

GRETA: Daidí an Náisiúnachais, is cosúil.

Tugann GRETA *císte do* MARCUS. *Anuas le h*AINGEAL.

AINGEAL: An é sin mo mhála?

GRETA: Níl mórán agat dod shaol úr, muis.

AINGEAL: Cén saol úr?

GRETA: Tá tú ag imeacht uainn. Nach dtuigeann tú go bhfuair tú víosa?

AINGEAL: Chaith an Binse go maith liom.

GRETA: Aireoidh mé uaim thú.

ZOË: A luaithe a thosaíonn sí ag obair beidh sí ag iarraidh filleadh orainn.

AINGEAL: Nach bhfuil sibhse ag teacht in éindí liom?

ZOË: Beidh ort maireachtáil gan do chúramóir.

AINGEAL: *(le* MARCUS*)*. 'Bhfuil tusa ag teacht in éindí liom?

MARCUS: Níl go fóill, ach seans go bhfeicfidh mé laisigh de lá nó dhó thú …

Cuireann GRETA *milseáin, deoch agus araile i mála* AINGEAL, *í ag breathnú ar* MARCUS. *Ansin cuireann sí barraí agus milseáin sa mbosca garchabhrach.*

AINGEAL: Cén fáth a bhfuil tú ag cur milseán isteach ansin i measc na dtáibléad?

GRETA: Le go mbeidh comhluadar acu.

AINGEAL: *(ag breathnú sa mbosca).* Cá bhfuil mo pháipéirí? Nár thug mé duit aréir iad?

GRETA: Nár chuir mé sa mbosca iad?

GUTH: 395462.

ZOË: Ssssh … d'uimhirse, a Greta.

GRETA: Ar an Lá Náisiúnta! Ní thuigim. Cheapfá go mbeadh siad ag glacadh lá saor!

ZOË: Is maith leo teacht aniar aduaidh orainn.

AINGEAL: Céard faoi mo pháipéirí?

GRETA: Beidh mé ar ais ar ball.

MARCUS: Go n-éirí leat!

Osclaítear an doras. Amach le GRETA. *Dúntar an doras.*

MARCUS: 'Bhfuil seans aici, meas tú?

ZOË: Seans ar bith!

AINGEAL: Cá bhfuil siad?

ZOË: Cén chaoi a mbeadh a fhios agamsa?

Tosaíonn AINGEAL *ag útamáil thart, ag iarraidh teacht ar a páipéirí.*

ZOË: Agus ní dóigh liom ach oiread go mbeidh an saol úr agatsa pioc níos fearr ná an saol atá agat anseo faoi láthair.

AINGEAL: Ar a laghad beidh comhluadar nua agam.

ZOË: 'Bhfuil fadhb agat linne?

MARCUS: Fág é. *Sos.* A Zoë, bheinn ag ceapadh go mbeifeá buíoch go bhfuil duine amháin le scaoileadh as an bpraiseach seo.

ZOË: Ní thuigeann tú cé chomh buíoch is atá mé.

MARCUS: Éireoidh led iarratas féin lá éicint.

ZOË: Cén chaoi a bhfuil a fhios agatsa é sin – tusa nach bhfuil ach tar éis *land*áil? Agus má cheapann tú go bhfuil sé ar intinn agam mé féin a chaitheamh anuas tollán éicint in éindí leatsa, déan dearmad air!

MARCUS: Tá bealaí níos measa ná sin as an áit seo.

Zoë: Ó, dún suas do chlab.

Aingeal: Bhí mise os comhair an Bhinse inné. Chaith siad go maith liom. Thug siad víosa dom.

Zoë: Caithfidh gur chuir Greta i dtaisce é.

Aingeal: Tá a fhios agam gur chuir.

Cloistear inneall an bháid.

Zoë: Breathnaigh céard atá ar siúl acu anois, maith an bhean!

Coinníonn Aingeal *uirthi ag cuardach a páipéirí.*

Zoë: A Aingeal, ní déarfaidh mé arís é: breathnaigh céard atá ar siúl acu.

*Aníos le h*Aingeal *ar an luascán, drogall uirthi.*

Marcus: Meas tú nach bhfuil aon seans ag Greta, i ndáiríre?

Zoë: Go hiondúil ní éiríonn le dhá iarratas i ndiaidh a chéile.

Marcus: Cuireann tú iontas orm.

Zoë: Ná tosaigh air sin arís. A Aingeal, an bhfuil an bád ann fós?

Aingeal: Feicim a lán daoine ag dul ar bord. Tá na gasúir ag caoineadh. Tá siad tuirseach. Uaigneach.

Marcus: Droichead na nDeor! Nach bhfuil athrú tagtha ar an saol, muis! *Sos.* Céard faoi na tuismitheoirí?

Aingeal: Tá na tuismitheoirí ag caoineadh freisin.

Marcus: Agus tá na gasúir ag caoineadh faoi mar a bhíodh i gcónaí. Ach in ionad na gasúir a chur ar bord le dul thar lear ar thóir saoil úir, is iad na tuismitheoirí atá á gcur ar bord, agus na gasúir atá fágtha. Cé a cheapfadh é! Droichead na nDeor, áit a bhfágann páistí slán lena dtuimsitheoirí, a dtuismitheoirí á ndíbirt as an tír seo, á gcur ar ais chuig an áit as a dtáinig siad.

*Anuas le h*Aingeal *agus ar aghaidh léi ag útamáil thart.*

ZOË: Ní dhearna muid aon chleachtadh inniu. Caithfidh mé mé féin a ullmhú don chéad cheistiúchán eile. A Marcus, an bhfiafróidh tusa mo shonraí díom, led thoil?

MARCUS: Níl aon chur amach agamsa ar do shonraí.

ZOË: Má cheapann tú go bhfuil siad chun tú a ligean ar ais chuig do mhuintir, bí ag brionglóidigh leat.

MARCUS: Beidh mé ag filleadh ar mo mhuintir. Ar ball. Níl aon dabht agam faoi.

ZOË: Déarfainn go bhfuil an Binse ag iarraidh a shocrú, ag an bpointe seo, cén áit a lonnóidh siad thú.

MARCUS: Is de bhunadh.

ZOË: ... na háite seo thú. Ná tosaigh air sin arís. *Sos.* Fiafraigh mo shonraí díom, led thoil?

Suíonn MARCUS *ag an mbord os comhair* ZOË, *drogall air.*

MARCUS: Ainm?

ZOË: Zoë.

MARCUS: Cén aois thú?

ZOË: Tá mé tríocha bliain d'aois.

MARCUS: Gairm?

ZOË: Damhsóir.

MARCUS: Pósta?

ZOË: Faraor géar! Céard fút féin? 'Bhfuil tusa pósta?

MARCUS: Tá. Le scór bliain.

ZOË: Dílis dod bhean?

MARCUS: Mise atá ag cur na gceisteanna. *Sos.* Cén chaoi a bhfuil an oiread sin ar eolas agat?

ZOË: Coinním cluas le héisteacht orm.

MARCUS: Cén saghas rudaí a bhíonn le cloisint thart anseo?

AINGEAL: Cloiseann sise an féar ag fás.

ZOË: Seo is siúd.

AINGEAL: Bhí Zoë os comhair an Bhinse inné freisin, nach cuimhneach leat?

ZOË: Fan nóiméad. An bhfuil an bheirt agaibhse ag *gang*áil suas orm?

AINGEAL: Ceapann Zoë go bhfuil sí cliste.

MARCUS: Ach níl sí chomh cliste sin, mar a thuigtear dúinn go maith, a Aingeal, nach dtuigtear?

AINGEAL: Bhí fear cosúil leatsa ag mo mháthair tráth.

ZOË: An mbíodh sí ag damhsa leis?

AINGEAL: Bhíodh.

MARCUS: Spáin dom.

Tosaíonn AINGEAL *agus* MARCUS *ag damhsa.*

AINGEAL: Dhéanaidís válsa. Mar seo: a haon dó trí; a dó dó trí. Táimid ag rince os comhair an rí.

ZOË: Ná habair gur monarcaí í, ag deireadh an tsaoil!

MARCUS: Nach bhfuil teanga ina béal féin aici? An raibh cónaí ort faoin rí, Aingeal?

AINGEAL: Ní fhaca mise an rí riamh.

Deireadh leis an damhsa.

ZOË: Céard air a raibh mé ag smaoineamh! Nach raibh cónaí uirthi faoi dheachtóir? Nó faoi scáth na hImpireachta.

MARCUS: Agus bhíodh fear cosúil liomsa ag damhsa led mháthair, a Aingeal?

AINGEAL: Bhíodh.

MARCUS: Cén chaoi cosúil liomsa?

AINGEAL: Bhí gnáthchulaith air. Bun a bhríste scriosta. Snáthanna ar crochadh as. Bhíodh air iad a ghearradh sula dtéadh sé ag obair.

ZOË: Cé a bhí ann?

AINGEAL: A Dheaide! A Dheaide, cá ndeachaigh tú?

ZOË: Cá bhfuil sé anois?

AINGEAL: Tháinig siad oíche amháin agus sciob siad leo é.

Tosaíonn AINGEAL *ag caoineadh.*

MARCUS: *(ag cromadh chuici).* Is féidir dearmad a dhéanamh air sin anois.

AINGEAL: Ní féidir.

ZOË: Tá mise bréan de seo.

Anonn le ZOË *chuig an mbord.*

MARCUS: *(le h*AINGEAL*).* Tá deireadh leis anois. Beidh tú ag dul amach an doras sin ar ball.

AINGEAL: A luaithe a thagaim ar mo pháipéirí.

*Ar aghaidh le h*AINGEAL *leis an gcuardach. Anonn le* MARCUS *chuig an mbord.*

MARCUS: Rinne mé dearmad glan ar an mbia. Réiteoidh mise é.

ZOË: Uachtar reoite, a deir tú – an déantús a bhíonn idir lámha agat go hiondúil?

MARCUS: *(go ciniciúil).* Sea, ach tá taithí agam ar chístí is ar cheapairí a réiteach.

Osclaítear an doras. Cloistear píosa as amhrán tírghrá á chraoladh ar nós:

But hark, a voice like thunder spake,
the West's awake, the West's awake.

Caitear GRETA *isteach, í trí chéile. Dúntar an doras.*

GRETA: Comóraimis an náisiúnachas!

ZOË: Bhuel?

Tugann MARCUS *deoch do* GRETA*. Suíonn* GRETA.

MARCUS: Seo dhuit.

GRETA: Go raibh maith agat.

AINGEAL: A Greta?

GRETA: Dúradh liom an rud a raibh mé ag súil leis.

MARCUS: D'éirigh leat?

GRETA: Tá mise in aois an phinsin.

MARCUS: Céard faoi na scéalta atá fós le hinseacht agat?

AINGEAL: A Greta, tá brón orm.

GRETA: Tuigeann an t-amadán an méid nach bhfuil an fear cliste in ann a dhéanamh amach.

Ar ais le MARCUS *chuig an mbord.*

ZOË: Go hiondúil ní thugann siad víosaí amach dhá lá i ndiaidh a chéile.

AINGEAL: Faoi mar a bhí tú ag rá!

GRETA: Agus mé ag fás aníos, cheap mé go raibh sé amaideach an fhírinne a inseacht. Go huile is go hiomlán. Bheartaigh mé í a lúbadh ó am go chéile le croílar an scéil a nochtadh. B'in an t-am ar thosaigh mé ag cur suime sa scéalaíocht. Le mo bhealach a dhéanamh ar an domhan seo. *Sos.* D'fhoghlaim mé ceacht inniu. Ceacht daor. Bhí an ceart agam i gcónaí. Déan dearmad ar an bhfírinne. Is cuma cá bhfuil tú nó cé atá ag brath ort, cuimhnigh ort féin. Déan an rud a oireann duit féin amháin.

AINGEAL: Cén chaoi?

GRETA: Nuair a chuaigh mé isteach chucu, na fir mhóra agus a gcomhghleacaithe, bhí mé chomh neirbhíseach sin gur tháinig mearbhall orm. Rith sé liom gur rud beannaithe í an fhírinne agus nár chóir í a shéanadh riamh. Bheartaigh mé fáil réidh leis an scéalaíocht. D'inis mé gach rud dóibh faoi mar a tharla. Scaoil mé gach rún leo. Agus an bhfuil a fhios agaibh céard a dúirt siad liom?

MARCUS: Dúirt siad go raibh tú ag inseacht bréag.

GRETA: Níor chreid siad mé.

MARCUS: Bíonn an fhírinne dochreidte, scaití.

ZOË: Ní bheadh siadsan in ann í a chreidiúint dá mbuailfeadh sí sna cloigne iad.

GRETA: Níos mó ná sin.

ZOË: An bhfuair tú cead achomharc a lóisteáil?

GRETA: Beidh mé ag imeacht ar an mbád.

AINGEAL: Níl tú ag teacht in éindí liomsa?

GRETA: Níl, a stór. Gabh i leith, an bhfuil do phacáil déanta agat?

AINGEAL: Níl mórán le pacáil agam.

GRETA: An bhfuair tú do pháipéirí?

AINGEAL: Tusa a chuir i dtaisce iad ach níl mé in ann iad a aimsiú.

GRETA: A Zoë?

ZOË: Tuige a bhfuil tú ag fiafraí díomsa?

GRETA: Mar go raibh mise as láthair ar feadh leathuair an chloig agus tá víosa Aingeal ar iarraidh anois.

AINGEAL: Bhí sé ar iarraidh sular imigh tú.

MARCUS: Ar bhreathnaigh tú sa leithreas? Sílim go bhfaca mé rud éicint ann ar ball.

AINGEAL: Anois a deir tú liom é?

Ritheann AINGEAL *amach chuig an leithreas/cistin.*

GRETA: Cuireadh im leith go raibh ceachtanna sa mbéaloideas á dteagasc agam, go raibh mé sáinnithe san am a bhí thart.

*Isteach le h*AINGEAL.

AINGEAL: A Zoë, chuaigh tú thar fóir an babhta seo.

GRETA: 'Bhfuil gach rud agat anois?

AINGEAL: Tá.

Tosaíonn MARCUS *ag ithe milseáin.*

GRETA: An rud nár thuig mé agus mé mo cheistiú acu ... *Sos.* Chuir siad uisce-faoi-thalamh im leith. Dúirt siad go ndéanfainn aimhleas na tíre dá ligfí isteach mé. Dúirt siad go raibh comhcheilg ar bun agam. Go raibh drochthionchar agam oraibhse.

ZOË: Cén chaoi drochthionchar?

GRETA: Go raibh sibhse ag iarraidh éalú agus gur mise a thug an smaoineamh daoibh.

AINGEAL: Agus cé a thug an smaoineamh sin dóibhsean?

ZOË: An t-am ar fad a bhí muidinne sáinnithe anseo níor smaoinigh muid ar éalú. Bhí muid gafa leis an bpróiseas dleathach. Le hachomhairc. Le hiarratais. Le páipéarachas a fháil.

GRETA: Gur tháinig an duine seo inár measc.

ZOË: An brathadóir seo.

MARCUS: Fan nóiméad!

GRETA: Éalú! Cé a smaoinigh ar a leithéid?

MARCUS: Admhaím gur mise a smaoinigh air.

ZOË: Cé a tharraing an trioblóid seo orainn?

Tugann ZOË *faoi* MARCUS. *Tugann* GRETA *sonc dó. Titeann sé. Tugann* ZOË *faoi arís. Lóisteálann an milseán ina scornach. Níl sé in ann a anáil a tharraingt. Breathnaíonn* AINGEAL *air. Déanann sí cinneadh. Anonn léi chuige. Casann sí thart é agus ardaíonn chuici é. Brúnn sí amach an milseán. Iontas ar gach duine. Aníos le h*AINGEAL *ar an luascán. Siar is aniar léi. Tagann* MARCUS *chuige féin.*

ZOË: A Greta, an bhfaca tú é sin?

GRETA: Ar ball.

ZOË: A Greta!

GRETA: *(le* MARCUS*)*. 'Bhfuil tú ceart go leor?

Tugann GRETA *gloine uisce do* MARCUS. *Anonn le* ZOË *chuig an mbarra, í spréachta.*

GRETA: Caithfidh sé go bhfuil an áit seo tar éis dul i bhfeidhm orm.

MARCUS: D'fhéadfá a rá. *Sos.* Tá sé tar éis dul i bhfeidhm orainn go léir.

Ólann MARCUS *an t-uisce.*

GRETA: Tá fíorbhrón orm.

MARCUS: Bíonn aiféala i gcónaí mall.

GRETA: Aontaím leat. Ach an uair seo, led thoil?

MARCUS: Bíonn leithscéal i gcónaí acu siúd atá ciontach: chaill mé mo chloigeann; chuir sé soir mé.

GRETA: B'in a deireadh do mháthair?

MARCUS: Níos measa ná sin.

GRETA: Ní thuigim céard a tháinig orm. Tá mé tar éis éirí níos measa ná an dream a chaith isteach anseo mé.

MARCUS: Ní leithscéal ar bith é sin.

GRETA: Is ceacht é.

MARCUS: Is iad na ceachtanna is simplí a thógann an t-am is mó orainn a thuiscint. *Sos. (faoi* AINGEAL*).* Nach bhfuil sí chomh folláin leis an mbradán seang, an cailín céanna?

GRETA: Bradán a bhíonn ag eitilt siar is aniar ar a luascán. Caithfidh sé gur fhoghlaim sí a leithéid sa tseantír.

MARCUS: É sin agus go leor eile.

GRETA: Is cuimhneach liom an lá ar thosaigh mé ag tiomáint, an lá ar thosaigh mé ag obair, an lá ar rugadh na gasúir. *Sos.* Bhí muid anseo ar feadh sé mhí agus níor tharla tada. Ansin tháinig tusa. Tá Aingeal ar tí imeacht. D'fhill an bád. Tá mise le cur air.

MARCUS: Aon cheo eile?

GRETA: An chaint ar éalú. Nílim ag rá anois gur tusa an chéad fhear a caitheadh isteach anseo, ach is tú an chéad duine acu a thosaigh ag caint ar éalú.

MARCUS: Bíonn orm mé fein a choinneáil cruógach.

GRETA: In ionad a bheith ag suaitheadh do chuid potaí uachtar reoite, tá tú ag cur do ladar isteach i ngraithe nach mbaineann leat, ag tarraingt troiblóide orainne.

MARCUS: Ach is léir gur mise an t-aon duine anseo nach bhfuil dall ar an méid atá ag titim amach.

ZOË: Cén chaoi?

Anonn le ZOË*; anuas le h*AINGEAL.

GRETA: 'Bhfuil an tae ullamh ag an mbeirt agaibhse, nó an bhfuil muid chun an lá uilig a chaitheamh ag caint?

ZOË: Cupán tae! An réiteach ar chuile fhadhb! *Sos.* Agus thusa, a Aingeal, tá tú dochreidte.

AINGEAL: Céard fút féin?

GRETA: Cé go n-aireoidh mé uaim í, tá ríméad orm go bhfuil Aingeal ag imeacht uainn. Beidh deireadh leis an agóid seo eadraibh, ar a laghad.

AINGEAL: Ní raibh mise ag troid.

GRETA: Ní raibh, a stór.

ZOË: Mise is cúis leis an agóid, an ea?

MARCUS: Níos mó ná sin.

GRETA: Tusa is cúis leis an éad. Le rudaí a ghoid.

ZOË: Fuair sí a víosa lofa ar ais.

GRETA: Níl aon choinsias agat, a Zoë. Gan trácht ar anam.

ZOË: Tá. Agus dóchas. Agus misneach leis. Rudaí nach bhfuil agatsa.

GRETA: Feicim anois, a Marcus, an méid a bhí á rá agat.

MARCUS: Cén chuid de?

Cloistear daoine ag máirseáil; píosa d'amhrán tírghrá ar nós:

It whispered too that freedom's ark
And service high and holy
Would be profaned by feelings dark
And passions vain or lowly.

GRETA: 'Bhfuil tú réidh, a Aingeal? Beidh siad ag glaoch ort ar ball.

MARCUS: Cén chuid den méid a dúirt mé atá soiléir anois?

GRETA: Tá a fhios acu go bhfuil tú ag iarraidh éalú. Ach ní dhearna siad iarracht, fós, stop a chur leat.

ZOË: Caithfidh sé go bhfuil a fhios acu nach bhfuil a leithéid de rud ann is bealach amach as seo.

MARCUS: Déarfainn go bhfuil bealach amach as an áit seo, ach é a aimsiú.

GRETA: Tá dhá rud soiléir: tá tú ag iarraidh éalú; tá a fhios acu go bhfuil.

MARCUS: Dá dtitfeadh na clocha ar an gcaoi chéanna a bhfuil na scálaí ag titim ded shúile!

GRETA: Is tú is cúis le fadhb a haon. Ach, maidir le fadhb a dó, ní tusa a d'inis dóibh faoi.

MARCUS: Mar nach raibh mé ag labhairt leo ó caitheadh isteach anseo mé.

GRETA: *Sos.* A Zoë? Céard a d'inis tú dóibh?

ZOË: Ní dhearna mé aon dochar.

GRETA: Céard a d'inis tú dóibh?

ZOË: *Sos.* Chuir mé fainic oraibh. Níor luaigh mé na tolláin.

GRETA: Céard a d'fhiafraigh siad díot?

ZOË: Níor inis mé tada dóibh.

GRETA: Céard a d'inis tú dóibh fúmsa?

ZOË: Tada. *Sos.* D'inis mé dóibh gur bean scéalaíochta thú.

GRETA: B'in an fáth nach raibh siad in ann an fhírinne a chreidiúint. Nuair a chuala siad í. *Sos.* Tuige a ndearna tú é?

ZOË: Tuige a ndearna tusa é?

GRETA: Céard?

ZOË: Tuige ar fhág tú an buama sin sa scoil?

MARCUS: Ní ise a d'fhág ann é.

ZOË: Fan thusa amach as seo. Gheall siad cead fanachta dom.

MARCUS: Gan le déanamh agat ach d'anam a dhíol leo.

ZOË: *Sos.* Gheobhaidh sibh amach faoi, luath nó mall.

MARCUS: Céard é? Céard a gheobhas muid amach?

ZOË: *Sos.* Bhí orm rún a scaoileadh leo in aghaidh na seachtaine.

MARCUS: Ceann amháin?

ZOË: Bhínn in ann dallamullóg a chur orthu, scaití.

GRETA: Cá mhéad duine a dhíol tú leo?

ZOË: Níl a fhios agam. Ní cuimhneach liom – seisear. Gheall siad dom – nuair a bheadh deichniúr acu, daoine a bhí ag ligean orthu go raibh sé de cheart acu dídean a fháil – go scaoilfí isteach sa tír mé.

MARCUS: Le damhsa os comhair an phobail.

GRETA: Agus sceith tú ormsa. Tar éis an méid a rinne mé ar do shon

ZOË: Níor chuidigh tú liom riamh. Ba í Aingeal do pheata.

GRETA: Bheadh croí cloiche ag an duine nach dtabharfadh aire dise, an créatúr!

MARCUS: Ní orthusan amháin atá an dallamullóg curtha ag an mbean seo, nach bhfuil an ceart agam, a Aingeal?

ZOË: Bean gan chuimhne. Céard atá á rá agat? Chreid siad a scéal, ar ndóigh. Nó b'fhéidir go raibh sé in am dóibh duine a scaoileadh isteach sa tír ar ais nó ar éigean – leis na staitisticí a choinneáil cruinn.

MARCUS: Ha! *Sos.* An bhfuil tú chun do rúndiamhair a roinnt leo?

AINGEAL: A Marcus, ná déan é seo.

MARCUS: Tusa a tháinig i gcabhair orm agus mé dom thachtadh? A Greta, cén chaoi, meas tú, an raibh sí in ann a leithéid a dhéanamh? *Sos.* Tá bealach as an áit seo agus tá sé aimsithe ag Aingeal.

GUTH: 279415.

GRETA: Uimhir Aingeal!

MARCUS: Do rúndiamhair, a Aingeal, nó an é nach féidir leat cuimhneamh ar an bhfreagra ceart.

AINGEAL: Tá brón orm, a Greta.

ZOË: *(faoina hanáil).* An bhitseach bhradach!

GRETA: A Aingeal, céard atá á rá aige?

AINGEAL: An maithfidh tú dom é? D'fhoghlaim tú ceacht inniu, ach d'fhoghlaim mise an ceacht céanna na blianta fada ó shin: is fearr smaoineamh ort féin i gcónaí.

ZOË: Agus sibhse ag tabhairt fúmsa.

Bailíonn AINGEAL *a giuirléidí.*

GRETA: A Aingeal?

AINGEAL: Go raibh maith agat, a Greta, as aire a thabhairt dom. Ní dhéanfaidh mé dearmad go deo ar an gcaoi ar chaith tú liom. Slán go fóill. *Sos.* A Marcus, slán agat.

Casann MARCUS *uaithi. Anonn le h*AINGEAL *chuige. Pógann sí é. Seasann* ZOË *sa mbealach ar* AINGEAL.

ZOË: Níl sé pioc féaráilte.

GUTH: 279415.

GRETA: Ar éigean atá mé in ann é seo a thabhairt isteach.

MARCUS: Lig di imeacht.

Seasann ZOË *siar. Osclaítear an doras. Cloistear píosa as óráid ar nós:*

> *In this supreme hour the Irish nation must, by its valour and discipline, by the readiness of its children to sacrifice themselves for the common good, prove itself worthy of the august destiny to which it is called.*

*Amach le h*AINGEAL. *Dúntar an doras. Suíonn* GRETA *ag an mbord. Aníos le* ZOË *ar an luascán. Tosaíonn* MARCUS *ag súgradh leis na fonsaí. Caitheann sé ceann acu. Suíonn* GRETA *ag an mbord, fíordhíomá uirthi.*

ZOË: Thiocfadh siad ar do sheift ar bhealach amháin nó ar bhealach eile.

MARCUS: Trí sceitheadóir amháin nó trí sceitheadóir eile.

ZOË: Ar m'anam, níor luaigh mé na tolláin.

Caitheann MARCUS *fonsa eile.*

MARCUS: Fan nóiméad! Éistigí leis sin! *(cluas á cur in aice an urláir aige)*. Sssssh! Ar chuala tú é sin?

ZOË: Níor chuala mise tada.

Tosaíonn MARCUS *ar pholl a thochailt san urlár. Anall chuig an mbord le* ZOË.

GRETA: Meas tú cá bhfuil Aingeal anois?

ZOË: Níl mé in ann tusa a dhéanamh amach.

GRETA: Tá mé chomh casta sin!

ZOË: Ba ise do pheata.

GRETA: Bhí trua agam di.

ZOË: Agus an t-am ar fad a bhí sí anseo, bhí sí ag insint bréige. Agus fós níl tú in ann focal a rá ina coinne.

GRETA: Ní hionann sin is a rá nach bhfuil mé gortaithe.

ZOË: Chuir sí an dallamullóg orainn uilig

GRETA: Ach ní dhearna sí aon dochar dúinn, an ndearna?

ZOË: Éist, a Greta, níor tháinig fiú is focal amháin den bhfírinne amach as a béal agus í anseo. An stuif sin: an deachtóir! mo mhamaí! dearg bán gorm, glas bán oráiste.

GRETA: Seans go raibh an méid sin fíor.

ZOË: Seans go bhfuil mo dhuine ag cruthú uachtar reoite sa gcúinne thall.

GRETA: Níor imir sí aon éagóir orainn. Níor ghoid sí aon rud uainn.

ZOË: Bréagadóir ab ea í.

GRETA: Bean a chreid inti féin ab ea í. Agus níl aon chur amach agatsa ar a leithéid? Bhí aidhm aici agus rinne sí a raibh ag teastáil leis an aidhm sin a chur i gcrích. Is maith an rud é aidhm a bheith agat ar an saol seo.

ZOË: Nach bhfuil sé soiléir go bhfuil aidhm agamsa? Go bhfuil mé ag iarraidh a bheith im dhamsóir?

GRETA: Seans go mbeidh amach anseo.

ZOË: Níos mó ná sin.

GRETA: Má scriosann tú beatha ceathrair eile. Ach an mbeifeá sona ansin? Nach mbeadh an deichniúr sin ar do choinsias agus tú ag aclaíocht leat gach lá?

ZOË: Bheinn sona.

GRETA: Agus ní thuigeann tú cén fáth go raibh mé chomh ceanúil sin ar Aingeal!

ZOË: Tá mise ag dul a chodladh. Oíche mhaith!

Aníos le ZOË *ar an mbunc uachtarach.*

GRETA: Oíche mhaith!

Anall chuig an mbord le MARCUS.

MARCUS: Ní fada go mbrisfidh mé isteach sa tollán. An bhfuil tú in ann snámh, a Greta?

GRETA: Bhí agus mé im ghasúr.

MARCUS: Scil í nach gcailltear riamh.

GRETA: Théinn chuig teach mo mhamó i rith an tsamhraidh agus amach liom ag snámh gach lá. Ba chuma liom faoin aimsir, má bhí an ghrian ag scoilteadh na gcarraigeacha nó má bhí sé ina bháisteach. Agus ansin chaithinn an geimhreadh uilig ag súil lena dhéanamh arís an bhliain dár gcionn.

MARCUS: Déarfainn go bhfuil tú fós in ann é a dhéanamh.

GRETA: Bhí linn snámha in aici linn sa mbaile agus mo ghasúir ag fás aníos. Bhíodh ranganna acu gach seachtain. Ach ar theastaigh uathu léimt isteach san uisce? Toisc go raibh na deiseanna acu nach raibh agamsa, bhíodh drogall orthu glacadh leo.

MARCUS: An airíonn tú uait iad?

GRETA: Tá a saol féin acu anois.

MARCUS: Rud amháin nach dtuigim: nach raibh do ghasúir, nó do mhuintir ag iarraidh tú a chosaint ó na bagairtí báis a déanadh ort?

GRETA: Bhí, ar ndóigh! Ach níor theastiagh uaimse iad a tharraingt isteach im thrioblóidse. Bhí an méid sin tuillte acu. 'Raibh gasúir agat féin?

MARCUS: Ní raibh. Díreach mé féin agus mo bhean.

GRETA: Tá sibh le chéile fós?

MARCUS: Dúirt sí go bhfanfadh sí liom. Go ndéanfadh sí gach a raibh sí in ann a dhéanamh le mé a scaoileadh saor.

GRETA: Más é sin a gheall sí duit!

MARCUS: Creidim go ndéanfaidh sí amhlaidh.

GRETA: Tá an t-ádh ort. Oíche mhaith.

MARCUS: Oíche mhaith, a Greta!

GRETA: Slán!

MARCUS: Nach bhfeicfidh mé amárach thú?

GRETA: Feicfidh.

Anuas le MARCUS *ar an tocht. Tosaíonn* GRETA *ag scríobh litreach.*

GRETA: 'Don mBinse. Ní raibh baint ag éinne eile leis seo. Ní raibh mé ag iarraidh aistear eile a fhulaingt.'

Glacann GRETA *táibléid.*

GRETA: An bosca garchabhrach! Tar i gcabhair orm anois led Smarties, is led *M'n'Ms, Solpadeine, Nurofen, Disprin. Sos.* Agus mé óg, bhíodh mo mháthair ag maíomh nár inis sí bréag riamh. Nach soineanta an bhean í!

Anuas le GRETA *ar an mbunc íoctarach. Íslítear na soilse.*

Adhmhaidin

Ardaítear na soilse. Éiríonn MARCUS. *Cuireann sé eagar ar an áit. Aníos le* ZOË. *Scuabann sí an t-urlár. Anonn le* MARCUS *chuig* GRETA. *Réitíonn sé a pluideanna.*

ZOË: Nach deas an cúramóir thú!

MARCUS: Sssssh! Lig di fanacht ina codladh.

ZOË: Ní raibh mise in ann néal a bhaint amach – mé ag cur is ag cúiteamh ar feadh na hoíche, ag smaoineamh ar an Aingeal sin.

MARCUS: Éireoidh go geal leis an mbean chéanna.

ZOË: Agus í ina máistreás ar an gcur i gcéill. Cén uair a d'aithin tú céard a bhí ar siúl aici?

MARCUS: Ón tús.

ZOË: *C'mon.*

MARCUS: Ní raibh mé céad faoin gcéad cinnte de, ach bhí mé ag ceapadh go raibh sí ar a ciall i gcónaí. An t-eolas a bhí aici ar chúrsaí polaitíochta! Agus bhí sí chomh dathúil sin. Is chomh séimh.

Aníos le ZOË *ar an luascán.*

ZOË: Theastaigh uaimse triail a bhaint as seo ach ní ligfeadh Greta dom.

MARCUS: Bíodh sé agat anois. An bhfuil a fhios agat – ba í an chaoi a mbíodh Aingeal eolach agus aineolach ag an am céanna a chuir iontas orm.

ZOË: Má fháigheann siadsan amach go bhfuil sí tar éis an dallamullóg a chur orthu.

MARCUS: Cé a inseoidh dóibh faoi?

ZOË: Ní mise. *Sos.* Céard fút féin?

MARCUS: Cén difríocht a dhéanfadh sé?

ZOË: Leagfaí an milleán ormsa.

MARCUS: Coinnigh ort – ag smaoineamh ort féin an t-am ar fad. Cuireann tú samhnas orm.

ZOË: Agus tusa ormsa. Tú féin is do bhealach éalaithe!

MARCUS: Beidh mé imithe faoin Máirt. I bhfad romhatsa. Agus an ceathrar eile a gcaithfidh tú sceitheadh orthu.

ZOË: Ní fheicimse aon dul as.

MARCUS: Ach amháin nach bhfeicimse éinne eile anseo. Seachas Greta.

ZOË: Tiocfaidh comhluadair eile ar ball, ná bíodh baol ort.

MARCUS: Agus ní bheidh fadhb ar bith agat sceitheadh orthusiúd?

ZOË: Impím ort gan inseacht don mBinse faoi Aingeal. Le do thoil?

MARCUS: Braitheann sé ortsa. Agus ar Greta, ar ndóigh, ach ní déarfaidh sise tada.

Síos le MARCUS *ar a ghocaide, a chluas le talamh aige.*

ZOË: Tuige ar caitheadh isteach anseo thú, meas tú? I ndáiríre?

MARCUS: Níl mé chun an rún sin a scaoileadh leatsa.

ZOË: Cuimhnigh ar a bhfuil agat orm. Coinneoidh mé mo bhéal druidte. Le do thoil, Marcus. Má tá mé chun maireachtáil, caithfidh mé na rialacha a fhoghlaim. Beidh tusa ag dul abhaile go luath – tú féin a dúirt é. Ach smaoinigh ormsa. D'fhéadfainn teacht suas le seift eile. Caithfidh mé víosa a fháil.

MARCUS: Céard faoi Greta?

ZOË: Tá mise óg. Agus seans agam fós. Nuair a smaoiním ar an Aingeal sin.

MARCUS: Filleann an feall ar an bhfeallaire.

Cuireann MARCUS *marc ar an urlár. Éiríonn sé ina sheasamh. Buaileann sé an balla.*

ZOË: Cuir agallamh orm, le do thoil. Caithfidh mé a bheith réidh don chéad cheistiúchán eile. Marcus, tá mé ag impí ort.

Suíonn an bheirt acu ag an mbord. Lasann MARCUS *an tóirse.*

MARCUS: D'ainm?

ZOË: Zoë.

MARCUS: Aois?

ZOË: Tá mé tríocha bliain d'aois.

MARCUS: Gairm?

ZOË: Is damhsóir mé.

MARCUS: An bhfuil aon scéala agat inniu dom?

ZOË: Scéala?

MARCUS: Faoin méid atá ar siúl san Ionad Coinneála?

ZOË: Táimid ag streachailt linn.

MARCUS: Gach aon duine agaibh?

ZOË: Sea.

MARCUS: Ag coinneáil cruógach?

ZOË: Níl éinne againn díomhaoin.

MARCUS: Bhfuil bealach amach aimsithe ag éinne?

ZOË: Níl aon bhealach amach seachas an bealach dleathach.

MARCUS: An ceann a bhfuil tusa ag tabhairt faoi?

ZOË: An ceann céanna.

MARCUS: Tá an ráfla ag dul thart go bhfuil tolláin thíos faoin ionad.

ZOË: Ráfla atá ann.

MARCUS: An bhfuil aon fhírinne sa scéal?

ZOË: Fiú dá mbeadh, ní inseoinn duit faoi.

Glacann ZOË *an tóirse ó* MARCUS.

MARCUS: Creidim féin go bhfuil gréasán de tholláin thíos faoin ionad seo.

ZOË: Ná habair go bhfuil ceann acu aimsithe agat?

MARCUS: Más é sin atá uait.

ZOË: Níl sé ar intinn agamsa dreapadh anuas chuig an trá in éindí leatsa.

MARCUS: Níor thug mé cuireadh duit.

ZOË: An bhfuil sé ar intinn agat do bhealach féin a dhéanamh anuas?

MARCUS: Ní dóigh liom é.

ZOË: Mar go bhfuil tú ag brath ar an modh dleathach?

MARCUS: Tú féin a dúirt é.

ZOË: Chaith tú dhá lá á aimsiú.

MARCUS: Tusa a mhol dom mé féin a choinneáil cruógach.

ZOË: Ón gcéad lá riamh bhí mise ag obair le mo bhealach féin a dhéanamh ar an domhan seo. Gach a ndearna mé, bhí aidhm ag baint leis. x + y = z. Má bhí tusa ag tochailt ar feadh an ama, níl mé in ann a chreidiúint go raibh tú ag tabhairt faoina leithéid mar gur mhol mise duit é a dhéanamh.

MARCUS: Ní maith liom a bheith díomhaoin

ZOË: Seans go raibh cúis eile leis an obair? An raibh cúis eile leis?

MARCUS: Fút féin é sin a dhéanamh amach.

ZOË: An maith leat uachtar reoite a chruthú?

MARCUS: Chreid tú sa méid sin?

ZOË: Ainm?

MARCUS: Marcus.

ZOË: Aois?

MARCUS: Tá mé ceathracha bliain d'aois.

ZOË: Gairm?

MARCUS: Innealtóir.

ZOË: An de bhunadh na háite seo thú?

MARCUS: Is ea.

ZOË: Pósta?

MARCUS: Sea.

ZOË: Páistí?

MARCUS: Ní hea.

ZOË: Dearthpáireacha?

MARCUS: Ní hea. *Sos.* Ach tá col ceathar agam.

ZOË: Col ceathar, a deir tú? An de bhunadh na háite seo é?

MARCUS: Ní hea.

ZOË: *Sos.* An bhfuil sé cosúil leat, le breathnú air?

MARCUS: Mo mhacasamhail atá ann.

ZOË: *(ag tuiscint di).* Ach amháin gurb eachtrannach é.

MARCUS: B'fhéidir é.

ZOË: Tuige an tochailt?

MARCUS: Faoi mar a bhí mé ag rá, leis an am a chur isteach.

ZOË: Nuair a ghlaofar amach ort, céard a déarfaidh tú leo?

MARCUS: Níor shocraigh mé air sin fós.

ZOË: Céard eile a inseoidh tú dóibh?

MARCUS: Seans go n-inseoidh mé dóibh faoin saghas duine a bhíonn istigh anseo. Faoi na seifteanna a bhíonn acu.

ZOË: Agus ar éirigh le haon cheann de na seifteanna seo?

MARCUS: Tá mé fós ag smaoineamh air sin.

ZOË: Céard faoi na tolláin?

MARCUS: Cé na tollain?

ZOË: Céard a mholfá dom a dhéanamh amach anseo?

MARCUS: Bí ag streachailt leat!

ZOË: Is fíor rud amháin: na héagóirí a imríodh orm – ní féidir iad a shéanadh. Ná an t-uafás a d'fhulaing mé.

Éiríonn siad ón mbord. Síleann solas na maidine isteach. Feictear sna scátháin iad, anchumtha gránna. Anonn chuig an doras le MARCUS. *Síos ar a gocaide le* ZOË. *Cuireann sí a cluas le talamh.*

ZOË: Cloisim an fharraige. Agus na faoileáin. Rónta.

Buaileann MARCUS *ar an doras.*

MARCUS: Scaoil amach mé!

Anonn le ZOË *chuig* GRETA.

ZOË: A Greta! A Greta! Ar chuala tú mé? Tá an fharraige thíos fúinn. A Greta!

De réir a chéile íslítear na soilse.

Deireadh